LIEBE AM LIMIT

Wie wir toxische Beziehungen erkennen, emotionale Abhängigkeiten beenden und endlich glücklich leben & lieben

KERSTIN HEYMANN

SOUL QUEST

Dieses Buch ist für dich. Weil du stärker bist, als du glaubst, mutiger, als du dich fühlst und weil du glücklicher werden wirst, als du es heute für möglich hältst.

„Das Geheimnis des Glücks ist die Freiheit,
das Geheimnis der Freiheit aber ist der Mut"

Thukydides

Für Doreen

Viel Spaß

Alles Gute.

Deine ...

21.08.2023

© 2023 Kerstin Heymann

Umschlag, Illustration: Jelena Mirkovic / boja99designs

Lektorat, Korrektorat: Soul Quest Production

Satz, Layout: Soul Quest Production

Verlag:

Soul Quest Production, Dorfstraße 20, 17375 Vogelsang-Warsin

Dieses Buch ist erhältlich als:

Taschenbuch: ISBN 978-3-910957-04-6

Gebundene Ausgabe: 978-3-910957-06-0

E-Book: ISBN 978-3-910957-05-3

Hörbuch: ISBN 978-3-910957-03-9

Bibliografische Information der Deutschen Nationalbibliothek:

Die Deutsche Nationalbibliothek verzeichnet diese Publikation in der Deutschen Nationalbibliografie; detaillierte bibliografische Daten sind im Internet über http://dnb.dnb.de abrufbar.

Vorwort

Wenn du dieses Buch in den Händen hältst, bist du höchstwahrscheinlich unglücklich, hast womöglich sogar das Bedürfnis, selbst eine toxische Beziehung zu verlassen oder einen Freund oder Angehörigen in einer solchen Situation zu unterstützen. Vielleicht hast du selbst schon vieles probiert, um dich aus einem Teufelskreis von emotionaler Erpressung, Abhängigkeit und Angst zu befreien, aber nichts hat bisher funktioniert. Oder aber du hast erkannt, dass eine Beziehung, die einmal voller Liebe und Glück war, sich in etwas verwandelt hat, das dir nun unerträglich erscheint und du begibst dich auf Spurensuche nach den Ursachen.

Dieses Buch ist von mir für dich geschrieben.

Ich selbst bin in Liebes-Beziehungen unterdrückt und manipuliert worden. Ich habe sogar einen emotionalen Erpresser geheiratet. Es hat mich verändert. Ich wurde nicht nur immer unglücklicher, sondern auch unsicherer. So fiel ich auch in anderen Lebensbereichen Gaslightern und Manipulatoren zum Opfer und ging Narzissten in die Falle. Aber ich habe gelernt. Hätte mir jemand damals gesagt, was ich heute weiß, hätte ich mir selbst viel Leid ersparen können. Ich hätte die toxischen Beziehungen in meinem Leben früher erkennen und beenden können. Ich hätte in jungen Jahren bereits Platz schaffen können für gesunde und erfüllende Beziehungen. Mit dem richtigen Wissen und den entsprechenden Werkzeugen hätte ich mich wehren können. Gegen Manipulation, emotionalen Missbrauch und gegen sexuelle Übergriffe.

Du siehst also: Du bist mit deinem Schicksal nicht allein.

Und auch du kannst lernen, stärker werden und dich befreien. In diesem Buch werden wir uns deshalb gemeinsam auf den Weg machen – raus aus der toxischen Beziehung. Wir werden die Gründe untersuchen, warum so viele Menschen in solchen Beziehungen verweilen, auch wenn sie wissen, dass sie ihnen nicht guttun. Wir werden uns mit den Auswirkungen toxischer Beziehungen auf dein Leben auseinandersetzen und beleuchten, ob auch in deinem beruflichen oder familiären Umfeld, sowie in deinem Freundeskreis ähnlich ungesunde Beziehungsdynamiken lauern.

Ich werde meinen persönlichen Leidensweg aus meiner Ehe mit einem emotionalen Erpresser mit dir teilen und dich mitnehmen: von den ersten Anzeichen der Manipulation bis zum Ausbruch und schließlich meiner Heilung.

Zusätzlich wirst du neben theoretischem Wissen praktische Werkzeuge an die Hand bekommen, um deine Beziehung zu verändern oder zu beenden und du wirst mit neuem Selbstbewusstsein dein Leben wieder in die Hand nehmen können.

Doch bevor wir beginnen, möchte ich dir eines sagen: Es ist nicht deine Schuld. Niemand verdient es, in einer toxischen Beziehung gefangen zu sein und es ist weder deine Aufgabe, deinen Partner zu ändern oder zu retten – noch könntest du das allein, wenn du es wolltest. Du verdienst eine glückliche und gesunde Beziehung und es ist mein Ziel, dir dabei zu helfen, dies zu erreichen.

Ich möchte dich einladen, während der Lektüre dieses Buches

offenzubleiben und dich auf neue Ideen und Denkweisen einzulassen. Gemeinsam werden wir gängige Überzeugungen infrage stellen und neue Wege aufzeigen, um toxische Muster zu durchbrechen. Dabei werden wir uns auf aktuelle Studien und Erkenntnisse der Psychologie stützen und du wirst Tipps für den Umgang mit emotionalen Erpressern bekommen, die du im Alltag umsetzen kannst.

Ich wünsche dir viel Erfolg und Mut auf deiner Reise und hoffe, dass dieses Buch dir dabei hilft, die toxische Beziehung zu erkennen, deine emotionale Abhängigkeit zu beenden und endlich glücklich zu leben und zu lieben.

Inhaltsverzeichnis

Abschnitt I

Hintergründe, Ursachen und Entstehung von toxischen Beziehungen

1

Das dunkle Spiegelbild der Liebe: Was sind toxische Beziehungen?

1.1 Die Definition toxischer Beziehungen

Lass es uns ohne Umschweife gleich auf den Punkt bringen: Eine toxische Beziehung ist wie die Hölle auf Erden. Es ist eine zwischenmenschliche Verbindung, die dir jegliche Freude nimmt, anstatt dein Leben zu bereichern. Sie führt zu emotionalem und körperlichem Stress und kann dadurch deine psychische und physische Gesundheit nachhaltig schädigen. In einer toxischen Beziehung fühlst du dich leer, unsicher und unglücklich. Du wirst von deinem Gegenüber kontrolliert, kritisiert oder herabgewürdigt, und du hast das Gefühl, dass du niemals genug tun kannst, um ihm zu gefallen.

Es ist schwierig, eine genaue Aussage darüber zu tätigen, wie viele Menschen solch schädliche Beziehungen führen, da dies schwer zu erfassen ist. Toxische Beziehungen bleiben in vielen Fällen lange unerkannt und die Opfer selbst melden sich nur selten, um Hilfe zu suchen.

Hinzu kommt, dass toxische Verbindungen in verschiedenen Formen und unterschiedlichen Lebensbereichen auftreten können. Eine romantische Beziehung kann durch toxische Verhaltensweisen vergiftet sein, aber es kann auch eine Freundschaft, eine familiäre Beziehung oder sogar eine Arbeitsbeziehung betreffen. Etwas aber eint all diese Verhältnisse: Sie geben dir das Gefühl, dass du nicht gut genug bist und du deine Bedürfnisse hintenanstellen musst.

Um eine toxische Beziehung zu verstehen, müssen wir uns mit den Symptomen und später auch mit den Ursachen auseinandersetzen, die das Entstehen von ungesunden Verbindungen begünstigen. In diesem Kapitel werden wir daher zuerst gemeinsam untersuchen, was eine toxische Beziehung im Detail ausmacht, welche Formen sie annehmen kann und erste Hinweise geben, wie man sie erkennt.

Bevor wir jedoch tiefer in dieses Thema eintauchen, möchte ich dich dazu ermutigen, deine eigenen Beziehungen zu hinterfragen. Selbstverständlich lauert nicht in jedem Freund, der vielleicht etwas mehr nimmt, als er gibt, ein Narzisst. Und nicht jede überschwängliche Liebesbekundung eines Partners wie „Ohne dich kann ich nicht leben." kommt sofort einer emotionalen Erpressung gleich. Du hast dich aber sicher nicht ohne Grund für dieses Buch entschieden. Lass die Definitionen und die Merkmale deshalb in Ruhe auf dich wirken und reflektiere, ob es Beziehungen in deinem Leben gibt, die einige wenige oder sogar mehrere der folgenden Kriterien erfüllen:

Emotionale Erpressung

In dieser Art von toxischer Beziehung versucht eine Person, die andere durch Manipulation und Schuldgefühle zu kontrollieren und zu dominieren. In hoher Zahl kommt dies in Eltern-Kind-Beziehungen vor.

Oft setzt ein Elternteil das Kind mit Vorwürfen unter Druck, Dinge zu tun. „Deine arme Mutter vereinsamt völlig, weil du dich nie meldest und mich nie besuchst.", „Wenn du nicht besser in der Schule wirst, dann werden deine Eltern zum Gespött der ganzen Nachbarschaft. Willst du das etwa?" oder „Ich habe doch nicht mein Leben gearbeitet, um dir alles zu ermöglichen, damit du jetzt so etwas tust." sind nur einige Beispielsätze, die man in solchen Beziehungen häufig hört. In einer Partnerschaft kann es sogar vorkommen, dass die emotional erpressende Person droht, die Beziehung zu beenden oder sich selbst zu verletzen, wenn der Partner nicht tut, was sie will.

Abhängigkeit

Ist in einer Verbindung eine Person emotional oder finanziell von der anderen abhängig und kann sich deshalb nicht ohne Weiteres aus der Beziehung lösen, handelt es sich ebenfalls um ein toxisches Verhältnis. Oftmals versucht die dominante Person, ihre Macht auszunutzen und die andere in der Beziehung zu halten, indem sie ihr ein schlechtes Gewissen einredet oder sie bedroht. „Ich verdiene das Geld und deshalb sage ich auch, wie es läuft." ist ein typischer Satz, den dominante Personen in einer toxischen Abhängigkeit benutzen.

Narzissmus

In solchen Beziehungen dreht sich alles um die Bedürfnisse und Wünsche des narzisstischen Partners. Die andere Person wird oft herabgewürdigt oder ignoriert, wenn sie nicht dazu beiträgt, das Ego des Narzissten zu stärken. Häufig erzählen Betroffene, dass sie von ihrem Partner Aussagen hören wie: „Andere Menschen wären glücklich, mit mir zusammen zu sein. Du solltest dankbar sein." Narzisstische Beziehungen lassen sich auch oft im Arbeitsalltag finden. In solchen Fällen kann die Person mit narzisstischer Persönlichkeitsstörung ihre Autorität und Macht im beruflichen Umfeld nutzen, um andere auszunutzen oder zu manipulieren und ihre eigenen Interessen und Bedürfnisse zu fördern.

Gewalt

Toxische Beziehung können auch durch psychische, physische und sexuelle Gewalt gekennzeichnet sein.

Die unterschiedlichen Arten toxischer Beziehungen lassen sich in der Realität nicht immer klar voneinander abgrenzen und es gibt in den meisten Fällen Überschneidungen. Emotionale Erpressung wird häufig auch von Narzissten eingesetzt, um den Partner zu dominieren und ein emotionaler Erpresser kann auch gewalttätig werden, wenn er die Kontrolle über die andere Person verliert. Genauso spielen in einer Abhängigkeit auch oft Manipulationen oder gar Gewalt eine Rolle. In vielen Fällen handelt es sich also um sehr komplexe Beziehungsdynamiken, die immer individuell betrachtet werden müssen.

1.2 Merkmale und Anzeichen von toxischen Partnerschaften

Das wohl häufigste destruktive Verhältnis zwischen zwei Menschen ist die toxische Liebesbeziehung, die oft als harmlose und unschuldige Partnerschaft beginnt und sich erst allmählich zu einem emotionalen oder körperlichen Albtraum entwickelt. In vielen Fällen herrscht dann aufgrund einer gemeinsamen Geschichte bereits eine starke emotionale Bindung zwischen den Partnern, die es dem Opfer schwierig machen kann, die Beziehung als toxisch zu definieren und zu beenden. Dabei handeln auch die Täter oft unbewusst und sind sich nicht immer im Klaren darüber, welches Leid sie ihren Partnern hinter verschlossenen Türen zufügen. Unter anderem aus diesen Gründen ist gerade die toxische Liebesbeziehung so schwer zu erkennen, denn wenn einer oder sogar beide Partner nicht wissen, was vor sich geht, bleibt das Leid unerkannt. Es kann daher auch eine Herausforderung sein, zu unterscheiden, ob es sich nur um eine schlechte Phase oder tatsächlich um eine ungesunde Verbindung handelt, denn gewöhnlich hängt auch in toxischen Beziehungen der Himmel zwischendurch immer mal wieder voller Geigen, die darüber hinwegtäuschen, dass sich längst düstere Wolken über die einstige Liebe geschoben haben. Insbesondere narzisstische Persönlichkeiten sind häufig in der Lage, eine sehr große Anziehung auf ihre Partner auszuüben und durch einen teilweise mysteriösen Charme und simuliertes Verständnis oder Interesse den anderen immer wieder in ihren Bann zu ziehen.

Es gibt jedoch bestimmte Merkmale und Anzeichen, die auf eine toxische Beziehung hinweisen können. Die häufigsten sind:

Kontrollierendes Verhalten

Eine toxische Beziehung zeichnet sich oft dadurch aus, dass ein Partner das Verhalten des anderen kontrolliert. Dies kann sich in Form von Eifersucht, Verboten oder ständigen Überwachungen äußern.

Kritik und Herabsetzung

In einer toxischen Beziehung wird häufig ein Partner vom anderen kritisiert, herabgesetzt oder gedemütigt. Die Kritik kann sich auf das Aussehen, die Persönlichkeit oder auf Handlungen beziehen und führt oft zu schwerwiegenden Gefühlen von Minderwertigkeit und Verunsicherung.

Gaslighting

Bei diesem Anzeichen handelt es sich um eine Form von Manipulation, bei der eine Person absichtlich falsche Informationen verbreitet oder die Realität verdreht, um das Opfer zu desorientieren oder zu verunsichern. Das Ziel des Gaslighting ist es, die Kontrolle über die andere Person zu erlangen und das Opfer dazu zu bringen, seine eigene Wahrnehmung und seinen eigenen Verstand infrage zu stellen. Eine Person, die gaslightet, kann unter anderem bewusst bestreiten, dass sie etwas gesagt oder getan hat, oder versuchen, das Opfer glauben zu lassen, dass es sich an Dinge erinnert, die niemals geschehen sind. Gaslighting kann eine sehr subtile Form von emotionaler Gewalt sein und ist in der Regel schwer zu erkennen, da die Opfer meist an sich selbst und ihrer Wahrnehmung zweifeln.

Isolation

Ein toxischer Partner kann versuchen, den anderen von Freunden und Familie zu isolieren. Dies kann dazu führen, dass sich der andere allein und verängstigt und aufgrund des Verlustes sozialer Kontakte letztlich in der Beziehung gefangen fühlt.

Finanzielle Abhängigkeit oder Ausbeutung

In manchen toxischen Beziehungen kann ein Partner finanzielle Kontrolle ausüben oder den anderen finanziell ausbeuten.

Körperlicher Missbrauch

Eine toxische Beziehung kann auch körperlichen Missbrauch beinhalten, wie Schläge, Tritte oder andere Formen der Gewalt.

Dies sind nur die häufigsten Anzeichen toxischer Beziehungen und nicht alle dieser Merkmale sind gewöhnlich offensichtlich zu erkennen. Auch müssen einzelne Verhaltensweisen oder Zustände nicht zwingend auf eine ungesunde Partnerschaft hinweisen. Eine finanzielle Abhängigkeit ist nicht immer gleichbedeutend mit einer toxischen Beziehung und selbst Gaslighting kann von einer Person auch aus Scham eingesetzt werden, um beispielsweise einen harmlosen Fehler zu verheimlichen. Eine toxische Beziehungsdynamik ist in der Regel aber immer durch wiederkehrende Verhaltensmuster gekennzeichnet, die allerdings so individuell sind, wie die Beziehungen, in denen sie auftreten und wie die Menschen, die sie zeigen. Daher kann es schwierig sein, diese Muster in der eigenen Beziehung zu identifizieren. Es erfordert also Zeit und Reflexion, um zu verstehen, ob man sich selbst in einer toxischen Beziehung befindet. Wie bereits erwähnt, sind auch die wenigsten schädlichen Partnerschaften von Anfang an toxisch, weshalb wir zunächst noch die Unterschiede zwischen schwierigen, gesunden und toxischen Beziehungen untersuchen werden, bevor wir dazu kommen, wie solch problematische Dynamiken überhaupt erst entstehen. Das wird dir auch später helfen zu erkennen, ob deine

Beziehung noch eine Chance auf Rettung hat und geheilt werden kann oder beendet werden sollte.

1.3 Unterschiede zwischen schwierigen und toxischen Beziehungen

Die meisten Menschen waren bereits einmal unglücklich in einer romantischen Beziehung oder haben sich nicht wertgeschätzt oder ungeliebt gefühlt – vielleicht würden sie sogar sagen, dass sie sich schlecht behandelt gefühlt haben. Ein solches Verhältnis kann für einen oder beide Partner schmerzhaft oder belastend sein, aber das bedeutet nicht zwangsläufig, dass es auch toxisch ist. Oft dreht sich in diesen schwierigen Verbindungen alles um Meinungsverschiedenheiten zwischen den Partnern, die auf verschiedenen Gründen beruhen, wie unterschiedlichen Persönlichkeiten, Lebenszielen, Kommunikationsstilen oder Bedürfnissen. In der Regel können diese Konflikte jedoch gelöst werden, wenn beide Partner offen kommunizieren und bereit sind, Kompromisse einzugehen.

Während es sich bei einer toxischen Partnerschaft immer um eine einseitige Beziehung handelt, bei der eine Person mehr gibt als die andere, und die toxische Person ihre eigenen Bedürfnisse und Wünsche über die des Partners stellt, ist eine schwierige Partnerschaft von Anstrengung und Konflikten geprägt, bei denen beide Parteien ihre Bedürfnisse und Wünsche zwar ausdrücken, aber Schwierigkeiten haben, eine gemeinsame Lösung zu finden. Es können verschiedene Arten von Problemen auftreten, die nicht unbedingt einen toxischen Charakter besitzen, aber dennoch belastend sein und eine Trennung sogar unausweichlich machen können:

Unterschiedliche Interessen und Prioritäten

Eine schwierige Beziehung kann entstehen, wenn sich die Partner in unterschiedliche Richtungen entwickeln, weil sich Menschen im Laufe der Zeit verändern und mit ihnen ihre Bedürfnisse und Wünsche. Diese Veränderungen können wiederum dazu führen, dass beide Partner sich voneinander entfernen, wenn ihre Interessen und Prioritäten nicht mehr übereinstimmen, was meist in Konflikt mündet. Diese Unterschiede können beispielsweise bei beruflichen Ambitionen, der Familienplanung oder finanziellen Zielen auftreten.

Kommunikationsprobleme

In vielen Beziehungen gibt es Kommunikationsprobleme, die zu Frustration und Fehldeutungen führen können. Ein Beispiel dafür, wie schlechte Kommunikation eine Beziehung schwierig machen kann, könnte Folgendes sein: Beide Partner haben unterschiedliche Vorstellungen darüber, wie sie ihre gemeinsame Zeit verbringen sollten. Einer möchte gern Zeit im Kreis von Freunden und Familie verbringen, während der andere Zeit zu zweit zu Hause bevorzugt. Wenn beide nicht bereit sind, offen und ehrlich miteinander zu kommunizieren, können in dieser Situation leicht Missverständnisse entstehen. Der Partner, der gern Zeit mit Freunden und Familie verbringen möchte, könnte denken, dass der andere keine Zeit mit ihm verbringen möchte, weil er sich immer wieder zurückzieht. Der andere wiederum könnte das Gefühl bekommen, dass sein Wunsch nach Zweisamkeit nicht respektiert wird.

Verschiedene Persönlichkeiten und Temperamente

Es kann passieren, dass sich Partner in einer schwierigen Beziehung aufgrund ihrer verschiedenen Persönlichkeiten einfach nicht verstehen. Unterschiedliche Erfahrungen, Werte oder Interessen können dazu führen, dass Menschen auch unterschiedliche Erwartungen an eine Beziehung haben und in Konflikt geraten, wenn diese Erwartungen nicht erfüllt werden.

Zusätzlich können unterschiedliche Haltungen oder Temperamente wie Introvertiertheit vs. Extrovertiertheit, Konfliktvermeidung vs. Konfrontation und Empathie vs. Rationalität zu Auseinandersetzungen führen. Diese Gegensätze und die daraus resultierenden Probleme zwischen Partnern sind aber nicht unbedingt ein Zeichen von Inkompatibilität oder mangelnder Liebe, sondern einfach natürliche Unterschiede zwischen zwei Menschen, die durch Akzeptanz, Respekt und Kompromissbereitschaft überwunden werden können.

Äußere Umstände

Manchmal können äußere Umstände dazu führen, dass Beziehungen schwierig werden, da sie Stress, Veränderungen oder Unsicherheiten mit sich bringen. Zum Beispiel können finanzielle Schwierigkeiten, Arbeitslosigkeit, gesundheitliche Probleme, Umzüge oder familiäre Veränderungen die Stabilität und das Wohlbefinden einer Beziehung stark beeinträchtigen.

Wenn etwa die Arbeitslosigkeit eines Partners eine finanzielle Belastung für das Paar bedeutet, kann dies eine Zerreißprobe für die Beziehung darstellen. Ebenso kann ein Umzug in eine neue Stadt bewirken, dass sich beide Partner in einer ungewohnten Umgebung zurechtfinden müssen und sich deshalb isoliert fühlen.

In einigen Fällen führen äußere Umstände sogar dazu, dass sich beide Partner voneinander entfernen und emotional distanzieren, weil sie zu sehr in ihrer eigenen Bewältigung der schwierigen Situationen gefangen sind.

Es ist wichtig, dass du dir bewusst machst, dass eine schwierige Beziehung auch zu einer toxischen Beziehung werden kann, wenn sie von einem oder beiden Partnern nicht gesund und respektvoll gehandhabt wird und mindestens einer von beiden keinen Veränderungswillen besitzt. In den meisten Fällen ist eine offene und konstruktive Kommunikation aber der Schlüssel zur Verbesserung.

1.4 Toxische Verhaltensweisen in Beziehungen

Du weißt bereits, dass eine toxische Beziehung durch wiederkehrende Muster von emotionaler, körperlicher oder sexueller Gewalt, Missbrauch und Manipulation gekennzeichnet ist. Toxische Verhaltensweisen innerhalb einer Beziehung können dagegen jedoch vorübergehend oder nur in bestimmten Situationen auftreten. Dennoch handelt es sich auch hierbei oft um emotionale Manipulation, Kontrolle, Eifersucht, Abwertung oder Gewalt. Auch wenn diese Merkmale nicht dauerhaft auftreten, werden sie eine Beziehung in den allermeisten Fällen trotzdem belasten und die Gesundheit von mindestem einem Partner beeinträchtigen.

Der Unterschied zwischen toxischen Verhaltensweisen innerhalb einer Beziehung und einer toxischen Verbindung als Ganzes liegt also darin, dass toxische Verhaltensweisen nur bestimmte negative Handlungen innerhalb beispielsweise einer Partnerschaft beschreiben, während eine toxische Beziehung ein Gesamtbild von dysfunktionalen Mustern darstellt.

Erste Alarmzeichen, die darauf hinweisen, dass es in der Beziehung Probleme durch toxische Verhaltensweisen sind:

- Häufige und ungelöste Konflikte

- Einseitige oder unangemessene Kompromisse

- Ignorieren der Bedürfnisse des Partners

- Mangel an Unterstützung oder Empathie in schwierigen Zeiten

Diese Hinweise sollten ernst genommen werden, da sie Anzeichen dafür sein können, dass sich eine Beziehung in Richtung einer toxischen Verbindung entwickelt. In diesem Fall ist es wichtig, sich der Dynamik der Beziehung bewusst zu sein und gegebenenfalls professionelle Hilfe in Anspruch zu nehmen, um sicherzustellen, dass die Partnerschaft auf gesunde Weise voranschreitet oder möglicherweise beendet wird, bevor jemand Schaden nimmt.

1.5 Unterschiede zwischen gesunden und toxischen Beziehungen

In unseren Beziehungen suchen wir nach Geborgenheit, Vertrauen und Liebe. Doch nicht alle Beziehungen, die wir führen, sind immer gesund und erfüllend. Manche sind wie Gift für uns. Diese toxischen Beziehungen können uns belasten und uns schaden, während gesunde Beziehungen uns stärken und unser Leben bereichern. Das ist zwar nur ein Unterschied von vielen, aber sicher einer, der relativ leicht zu erkennen ist.

Um toxische Beziehungen von gesunden Beziehungen abzugrenzen, ist es aber nicht nur wichtig, aufmerksam zu sein und die Warnsignale dieser ungesunden Verbindungen zu kennen. Du musst auch wissen, durch welche Merkmale eine gesunde Partnerschaft gekennzeichnet ist.

Im Gegensatz zu toxischen Beziehungen, in denen ein Partner die Kontrolle hat und der andere unterdrückt wird, herrscht in gesunden Beziehungen ein ausgeglichenes Machtverhältnis, welches durch Gleichheit und gegenseitiges Vertrauen geprägt ist. Es gibt also keine Dominanz- oder Unterordnungsverhältnisse und beide Partner treffen Entscheidungen gemeinsam, unterstützen sich und achten auf die Bedürfnisse des anderen.

In einer gesunden Beziehung existiert auch ein offenes Kommunikationsverhältnis, was bedeutet, dass jeder Partner seine eigenen Erwartungen und Wünsche ausdrücken kann – ohne Angst vor Verurteilung oder Kritik.

Dabei ist auch eine gesunde Beziehung natürlich nicht frei von Konflikten, jedoch werden sie auf eine respektvolle und konstruktive Weise gelöst. Sie werden nicht unterdrückt, sondern aktiv angesprochen und gemeinsam aus der Welt geschafft. Es gibt Raum für Kompromisse und Meinungsverschiedenheiten werden weder destruktiv ausgetragen, noch kommt es zu emotionaler oder gar körperlicher Gewalt.

Eine Studie von 2019 aus der Fachzeitschrift „Journal of Social and Personal Relationships" zeigte, dass eine gesunde Beziehung durch sieben wichtige Merkmale gekennzeichnet ist:

Respekt

In einer gesunden Beziehung haben beide Partner Respekt voreinander. Sie behandeln einander mit Würde und Achtung und erkennen die Bedürfnisse und Gefühle des anderen an.

Vertrauen

Jeder Partner fühlt sich sicher und geborgen in der Beziehung. Es herrscht kein Misstrauen und keiner betrügt, belügt oder verletzt den anderen.

Unterstützung

In einer gesunden Beziehung unterstützen sich die Partner gegenseitig in ihren Zielen und Wünschen. Sie ermutigen und helfen sich bei der Lösung von Problemen. Niemand wird übermäßig kritisiert oder sogar sabotiert.

Offenheit

Beide Partner können ehrlich und transparent miteinander umgehen und einander ihre Gefühle, Gedanken und Bedürfnisse mitteilen, ohne Angst vor Ablehnung oder Verurteilung zu haben.

Unabhängigkeit

In einer gesunden Beziehung respektieren beide Partner die Unabhängigkeit und Autonomie des anderen. Sie gehen etwa ihre eigenen Interessen und Hobbys nach und verbringen auch Zeit allein oder mit Freunden, wenn sie das möchten. Keiner schränkt den anderen in seiner Freiheit ein, kontrolliert oder isoliert ihn womöglich.

Ehrlichkeit

Beide Partner sind in der Lage, ihre eigene Wahrheit auszusprechen, auch wenn sie unangenehm oder schwierig zu hören sein kann. In einer gesunden Beziehung wird diese Ehrlichkeit unterstützt und geschätzt, während sie in einer toxischen Beziehung oft nicht akzeptiert oder sogar bestraft wird.

Freiheit

Freiheit bezieht sich darauf, dass jeder Partner das Recht hat, unabhängig zu sein und Entscheidungen zu treffen, die für ihn persönlich wichtig sind.

Es kann natürlich vorkommen, dass eine Beziehung, die einst gesund und glücklich war, toxisch wird, wenn einer der Partner seine Einstellung oder sein Verhalten ändert, oder äußere Umstände, die nicht aus der Welt geschafft werden können, die Beziehung belasten. Beziehungen sind dynamisch und können sich im Laufe der Zeit verändern.
Speziell dann kann es schwierig sein, den Unterschied zwischen einer toxischen und einer gesunden Beziehung zu erkennen, wenn man bereits lange Zeit in dieser Beziehung gelebt hat und die Toxizität nur schleichend Einzug hält. In solchen Fällen kann es helfen, eine objektive Perspektive von außen zu erhalten, zum Beispiel von einem Therapeuten oder einem Vertrauten, der das Verhältnis mit Abstand betrachten kann.

1.6 Toxische Beziehungen am Arbeitsplatz, in der Familie und unter Freunden – und wie man sie erkennt

In diesem Buch legen wir den Fokus auf toxische Beziehungen in Partnerschaften, aber selbstverständlich können diese Verbindungen auch in anderen Bereichen des Lebens auftreten. Am Arbeitsplatz, in der Familie und unter Freunden entstehen sogar häufiger ungesunde Beziehungsdynamiken, als man meint. Insbesondere können Menschen, die bereits in toxischen Partnerschaften gefangen sind oder aus toxischen Familienverhältnissen stammen, anfälliger für ungesunde Beziehungen in anderen Lebensbereichen sein. Dies kann zum Teil in den Auswirkungen begründet liegen, die toxische Beziehungen auf das Verhalten, die Wahrnehmung und das Selbstwertgefühl eines Menschen haben können. In einer problematischen Partnerschaft beispielsweise kannst du aufgrund der Unterdrückung durch den Partner ein geringes Selbstwertgefühl und eine negative Wahrnehmung von dir selbst entwickeln. Das wiederum kann dazu führen, dass du eher geneigt bist, toxische Beziehungen auch innerhalb der Familie, im Job oder im Freundeskreis zu tolerieren. Oft übertragen wir auch bestimmte Verhaltensweisen und Muster, die wir beispielsweise in einer familiären Beziehung erlernt haben, auf andere zwischenmenschliche Verbindungen. Das müssen nicht immer ungesunde Dynamiken sein und eine toxische Verbindung verurteilt eine Person nicht zwangsläufig dazu, auch in anderen Bereichen ein Opfer von ungesunden Beziehungen zu werden. Es erhöht aber die Wahrscheinlichkeit.

Du verbringst einen Großteil deines Lebens am Arbeitsplatz, daher ist es sicher nicht überraschend, dass sich auch hier toxische Beziehungen entwickeln können. Im Job können diese etwa unter Kollegen oder zwischen Mitarbeitern und Vorgesetzten auftreten. Vielleicht hast du selbst schon einmal Erfahrungen mit einem toxischen Kollegen oder Chef gemacht oder du hast zumindest davon gehört. Hier ist aber Vorsicht geboten. Ein rauer Umgang unter Kollegen muss nicht immer gleich toxische Züge besitzen und nicht jede Anweisung des Chefs eine unangenehme Aufgabe zu erledigen oder jede härter formulierte Kritik ist sofort ein Anzeichen für eine toxische Beziehung. Hierarchien Folge zu leisten ist nicht das gleiche, wie Opfer von Manipulation zu werden. Vorgesetzte, die ihre Mitarbeiter herabsetzen, sie unfair behandeln oder die Schuld für Fehler auf sie schieben, sind aber leider keine Seltenheit. Eine Studie der „American Psychological Association" ergab daher wenig überraschend, dass 75 % der Amerikaner ihren Chef als Hauptgrund für ihren Stress am Arbeitsplatz ansehen.

Eine dysfunktionale Verbindung im Job kann dabei viele Formen annehmen. Ein Vorgesetzter kann unter anderem ein Mikromanager sein, der seinen Mitarbeitern nicht vertraut und kontinuierlich ihre Arbeit überwacht. Er kann auch jemand sein, der ungerecht oder tatsächlich manipulativ ist und seine Macht missbraucht, um Mitarbeiter zu kontrollieren oder zu demütigen.

Ein Chef, der dir unrealistische Fristen setzt und dich dann beschuldigt, nicht genug Anstrengungen zu unternehmen, um sie einzuhalten, benutzt unter anderem die Methode des Gaslighting, um dich zu manipulieren und dich unter Druck zu setzen. Ein Vorgesetzter wie dieser wird dich möglicherweise auch in Meetings unter vier Augen kritisieren und vielleicht sogar beleidigen, um dein Selbstvertrauen zu untergraben – nur um dich dann später vor deinen Kollegen plötzlich als „wertvolles Mitglied des Teams" zu loben. Was verwirrend scheint, dient ausschließlich dazu, dich zu desorientieren und deine Wahrnehmung der Realität zu verzerren, um dich leichter manipulierbar zu machen. In diesem Fall wärst du ganz konkret Opfer von Gaslighting am Arbeitsplatz und befändest dich in einem toxischen Arbeitsverhältnis. Wenn du lernst, die Sprache von toxischen Chefs zu verstehen, kannst du sie aber leichter enttarnen und dich besser vor emotionalem oder psychischem Missbrauch schützen. Typische Sätze von toxischen Chefs können sein:

- „Wenn du das nicht schaffst, bist du für diesen Job einfach nicht qualifiziert."

- „Ich erwarte von dir, dass du rund um die Uhr verfügbar bist."

- „Ich finde es enttäuschend, dass du diese Aufgabe nicht allein bewältigen konntest."

- „Wenn du dich beschwerst, wirst du hier keinen Erfolg haben."

- „Dein Kollege ist besser als du in dieser Position. Überdenke deine Fähigkeiten."

- „Wenn du diese Arbeitszeit nicht einhalten kannst, dann wird es sicher jemanden geben, der es kann."

- „Ich kann dich jederzeit ersetzen, wenn du mit meinen Arbeitsanweisungen nicht zufrieden bist."

Eine andere Art von toxischer Beziehung im Job kann unter Kollegen entstehen. Das wohl häufigste Beispiel hierfür ist Mobbing am Arbeitsplatz, bei dem einer oder mehrere Kollegen einen anderen systematisch schikanieren oder belästigen. Dies kann sich in Form von Gerüchten, Ausgrenzung, Beleidigungen oder sogar körperlicher Gewalt äußern. Du hast oder hattest bestimmt auch einmal diesen einen Kollegen, den vermeintlich niemand mag und über den sich immer alle lustig machen. Vielleicht sieht er anders aus und ist deshalb in jeder Mittagspause Hauptgesprächsthema. Vielleicht ist es aber auch seine Art zu sprechen, seine Kleidung oder einfach nur etwas undefinierbares, das ihn schnell zum Opfer von Klatsch und Tratsch und Beleidigungen gemacht hat. Vielleicht hat sich dieser Kollege deshalb immer mehr zurückgezogen und ist nun viel leiser als früher. Vielleicht bist sogar du auch schon einmal dieser Kollege gewesen. Aber ob aktiv oder passiv: Das unangenehme, nahezu erdrückende Gefühl, welches sich jetzt allein durch die Vorstellung dieser Situationen bei dir einstellt, ist in jedem Fall das deutlichste Anzeichen für eine toxische Beziehungsdynamik unter Kollegen am Arbeitsplatz, die sich unter anderem durch folgende Anzeichen bemerkbar machen kann:

Kritik und Herabsetzung

Ein Kollege kann konstante Kritik und Herabsetzung äußern, die das Selbstwertgefühl des anderen beeinträchtigt. Solche Kommentare können sich auf die Arbeit, das Aussehen oder das persönliche Leben des Kollegen beziehen.

Klatsch und Tratsch

Wenn Kollegen ständig über andere sprechen und Klatsch verbreiten, kann dies zu einer toxischen Atmosphäre führen.

Gerüchte

Ein weiteres Anzeichen für eine toxische Beziehung zwischen Kollegen ist, wenn jemand Gerüchte über andere verbreitet. Diese Unwahrheiten können auch dazu führen, dass der Ruf eines Kollegen geschädigt wird.

Konkurrenz und Eifersucht

Eine toxische Beziehung zwischen Kollegen kann auch durch Konkurrenz und Eifersucht gekennzeichnet sein. Ein Kollege kann einen anderen beispielsweise absichtlich sabotieren oder zurückhalten, um sich selbst zu fördern.

Passives Verhalten

Ein Kollege kann sich auch passiv-aggressiv gegenüber anderen verhalten, indem er absichtlich unpünktlich ist, Aufgaben nicht erledigt oder Entscheidungen blockiert.

Mangelnde Zusammenarbeit

Ein weiteres Anzeichen für eine toxische Beziehung zwischen Kollegen ist mangelnde Zusammenarbeit. Das ist immer dann der Fall, wenn sich jemand beispielsweise weigert, Informationen zu teilen oder anderen Kollegen grundlos misstraut.

Mikroaggressionen

Eine toxische Beziehung zwischen Kollegen kann auch durch Mikroaggressionen gekennzeichnet sein, die oft als subtile und indirekte Beleidigungen oder Diskriminierungen auftreten, beispielsweise, wenn ein Kollege andere ständig unterbricht oder nicht ernst nimmt.

Solche Verhaltensweise zwischen Kollegen sind nicht immer auf einzelne Personen zurückzuführen, sondern in vielen Fällen auch durch eine schlechte Arbeitskultur und unzureichende Unterstützung durch das Unternehmen verursacht und gefördert. Häufig ist man in Firmen mit einer vergifteten Atmosphäre sogar Opfer und Aggressor zugleich: Man wird von einigen Kollegen beleidigt und gemobbt – und teilt selbst anderen Kollegen gegenüber aus. Vielleicht hast du einen der folgenden Sätze, die auf eine toxische Atmosphäre unter Kollegen hinweisen können, schon einmal gehört oder sogar selbst benutzt:

* „Ich kann nicht glauben, dass du das wirklich gedacht hast. Wie dumm bist du eigentlich?"

* „Deine Arbeit ist wirklich schlecht gemacht. Wie hast du überhaupt diesen Job bekommen?"

* „Ich habe gehört, dass du über mich gelästert hast. Denkst du, ich bin dumm?"

* „Du bist wirklich faul und ineffizient. Warum sollte ich dir noch zuarbeiten?"

* „Deine Ideen sind absolut nutzlos. Ich weiß nicht, wie du es überhaupt in diese Position geschafft hast."

* „Ich denke nicht, dass du in der Lage bist, diese Aufgabe zu bewältigen. Lass es besser jemand anderes machen."

Toxische Beziehungsdynamiken können auch innerhalb von Familien auftreten und zu einer der schwierigsten Herausforderungen werden, denen wir gegenüberstehen müssen. Sie prägen und begleiten uns ein Leben lang, wenn wir es nicht schaffen, aus ihnen zu lernen und sie zu beenden. Sie können sogar zu langfristigen emotionalen und psychischen Schäden führen, wie einem niedrigen Selbstwertgefühl und Depressionen. Oft sind es auch solche dysfunktionalen Beziehungen aus der Kindheit, die den Grundstein für spätere toxischen Verbindungen legen, was wir im nächsten Kapitel noch näher beleuchten werden.

Innerhalb einer Familie können etwa Eltern ihre Kinder manipulieren, kontrollieren oder missbrauchen oder Geschwister können eifersüchtig und untereinander so stark wettbewerbsmotiviert sein, dass sie einander systematisch herabsetzen. In vielen Fällen kann der Missbrauch aber so subtil sein, dass er von Außenstehenden kaum bemerkt wird, was es für die Opfer noch schwieriger macht, Hilfe zu suchen. Nun ist nicht jede von Streit geprägte Geschwisterbeziehung immer toxisch und nur, weil das Eltern-Kind-Verhältnis angespannt ist, lässt sich daraus noch keine schädliche Dynamik ableiten. Ungesunde oder dysfunktionale Kommunikationsmuster und anhaltende Konflikte lassen sich in vielen Familien finden. Aber auch, wenn das allein nicht immer ein Anzeichen für ein toxisches Verhältnis sein muss, kann es dennoch eine Atmosphäre von Angst und Unwohlsein kreieren und somit toxisch werden. Folgende Merkmale sind allerdings deutliche Anzeichen für eine toxische Familienbeziehung:

Emotionaler Missbrauch

Ein Familienmitglied kann das andere ständig kritisieren, herabsetzen oder manipulieren. Es könnte sich auch emotional distanzieren oder drohen, die Beziehung zu beenden, wenn das andere Familienmitglied nicht tut, was verlangt wird. Ein Beispiel könnte eine Mutter sein, die ständig ihre Tochter kritisiert und ihr das Gefühl gibt, dass sie nie gut genug ist. Dies kann dazu führen, dass die Tochter ein geringes Selbstwertgefühl entwickelt und immer wieder versucht, die Anerkennung ihrer Mutter zu gewinnen – auch wenn das bedeutet, dass sie ihre eigenen Bedürfnisse dadurch vernachlässigt.

Ungesunde Rollenverteilungen

In manchen Familien kommt es vor, dass ein Familienmitglied für das Glück oder Unglück der gesamten Familie verantwortlich gemacht wird. Dies kann den Betroffenen überfordern und eine toxische Dynamik erzeugen. Eine weitere Form der ungesunden Rollenverteilung ist die Übernahme von Verantwortung für die Probleme anderer Familienmitglieder. Übernimmt etwa ein älteres Geschwisterkind die Rolle des Elternteils und sorgt für seine jüngeren Brüder und Schwestern, kann das dazu führen, dass dieses Kind seine eigenen Bedürfnisse zurückstellen muss und dadurch ein ungesundes Verantwortungsgefühl entwickelt. Eine ungesunde Rollenverteilung ist auch gegeben, wenn ein minderjähriges Kind für seine Eltern sorgen muss, die beispielsweise aufgrund von Alkohol- oder Drogenmissbrauch selbst nicht dazu in der Lage sind.

Übertriebenes Konkurrenzdenken

Ein Familienmitglied könnte das andere ständig kritisieren oder mit ihm auf eine Art und Weise konkurrieren, die das andere Familienmitglied entmutigt oder untergräbt. Ein Beispiel für Konkurrenzdenken in einer Familie könnte sein, dass ein Geschwisterkind ständig die Aufmerksamkeit und Wertschätzung der Eltern sucht, indem es die Leistungen oder Erfolge seines Bruders oder seiner Schwester herabsetzt. Dies kann dazu führen, dass das dieses Geschwisterkind sich unsicher und unterlegen fühlt und schließlich auch selbst beginnt, in einem Wettbewerb um die Aufmerksamkeit der Eltern zu stehen. Eltern selbst fördern dieses Verhalten häufig unbewusst, indem sie ihre eigenen Kinder miteinander oder mit anderen vergleichen. Der Wunsch, den Nachwuchs auf diese Art anzuspornen, führt aber selten zu Höchstleistungen, sondern stattdessen häufig zu einem Verlust des Selbstbewusstseins bis hin zur Selbstaufgabe. Langfristig kann es bei diesen Kindern später sogar zu einem ungesunden Verhalten innerhalb beruflicher Konkurrenzsituationen oder krankhaftem Eifersuchtsverhalten in Partnerschaften kommen.

Kontrollierendes Verhalten

Versucht eine Person eine dominante Rolle innerhalb der Familie einzunehmen und die Entscheidungen der anderen Familienmitglieder zu beeinflussen, handelt es sich um kontrollierendes Verhalten. Häufig kommen hierbei Drohungen oder Schuldgefühle zum Einsatz. Um die Kontrolle zu verstärken, schrecken solche Manipulatoren in vielen Fällen auch nicht davor zurück, ihre Opfer von Freunden oder anderen Familienmitgliedern zu isolieren und sie zu überwachen, um sicherzustellen, dass sie sich an ihre Regeln und Erwartungen halten. Kontrollierendes Verhalten in Familienbeziehung kann so weit gehen, dass ein Familienmitglied dem anderen letztlich sogar die Möglichkeit verweigert, eigene Entscheidungen zu treffen oder eigene Interessen zu verfolgen.

Passive Aggressivität

Ein Familienmitglied kann das andere durch ständige negative Kommentare oder Ignorieren verletzen. Es könnte auch passiv-aggressive Taktiken wie ständiges Zuspätkommen oder Nichterfüllung von Versprechungen anwenden.

Unterstützung für toxisches Verhalten

Nicht zu unterschätzen ist es, wenn Familienmitglieder einander bei Verhaltensweisen unterstützen, die schädlich sind, indem sie etwa Alkoholismus oder Drogenmissbrauch fördern oder verharmlosen. Zum Beispiel könnte ein Vater seinen Sohn ermutigen, weiterhin Alkohol zu trinken und Partys zu feiern, obwohl dies zu Problemen in der Schule oder am Arbeitsplatz führt.

Physischer oder sexueller Missbrauch

Dies sind die schwerwiegendsten Formen von toxischen Beziehungen innerhalb von Familien. Physischer Missbrauch umfasst körperliche Gewalt, während sexueller Missbrauch sexuelle Übergriffe oder Ausnutzung beinhaltet.

Du denkst vielleicht, bei all den ungesunden Beziehungen am Arbeitsplatz oder innerhalb der Familie seien zumindest Freundschaften immer positiv und bereichernd. Denn Freunde sucht man sich doch aus, oder? Doch auch unter Freunden können toxische Beziehungen auftreten, die genauso schädlich sind wie toxische Verbindungen in Familien, am Arbeitsplatz oder in romantischen Partnerschaften.

Toxische Freundschaften können sich dabei auf viele Arten manifestieren. Ein Freund kann dich kritisieren, herabsetzen oder ignorieren. Er kann dir das Gefühl geben, dass du immer falsch liegst oder deine Meinung nicht zählt. Ein weiteres Anzeichen für eine toxische Freundschaft ist, wenn ein Freund ständig Drama kreiert oder dich in unangenehme oder sogar gefährliche Situationen bringt.

Toxische Freundschaften sorgen in der Regel dafür, dass du dich in deiner eigenen Haut nicht mehr wohlfühlst. Das ist meist dann der Fall, wenn ein Freund dich dazu bringt, Dinge zu tun, die gegen deine Überzeugungen oder Werte verstoßen oder die dir peinlich sind, nur um ihm zu gefallen.

Auch hier muss nicht jedes Anzeichen unbedingt bedeuten, dass die Freundschaft als Ganzes toxisch ist. Es kann jedoch ein Hinweis darauf sein, dass etwas nicht stimmt und es Zeit ist, die Beziehung zu überdenken. Wenn du das Gefühl hast, dass deine Freundschaften dir mehr schaden, als sie dich bereichern, solltest du in jedem Fall handeln. In vielen Fällen kann es hilfreich sein, zuerst das Gespräch mit deinem Freund oder deiner Freundin zu suchen. Oftmals sind sie sich ihrer Handlungen nicht bewusst und es kann helfen, die Dinge anzusprechen. Wenn du dich jedoch in einer gefährlichen oder missbräuchlichen Situation befindest, solltest du dich nicht mehr auf einen Versuch einlassen, die Freundschaft zu retten und lieber Hilfe in Anspruch nehmen.

Wenn deine Freunde dir solche oder ähnliche Sätze sagen oder du möglicherweise deinen Freunden einen dieser Sätze einmal gesagt hast, bedeutet das aber nicht, dass die Freundschaft sofort beendet werden muss. Dennoch solltest du aufmerksam sein und das Verhalten deiner Freunde, sowie dein eigenes überprüfen.

- „Ich habe dir immer gesagt, dass du das nicht kannst."

- „Du bist so empfindlich, mach dir keine Gedanken darüber."

- „Ich habe etwas sehr Schlechtes über dich gehört, aber ich werde es dir nicht sagen, weil ich dich nicht verletzen will."

- „Ich weiß, was das Beste für dich ist, also hör auf, dich zu beschweren."

- „Ich bin der Einzige, der dich versteht und sich um dich kümmert."

- „Ich denke, du solltest dich von deiner Familie oder deinen anderen Freunden distanzieren, sie halten dich nur zurück."

- „Du schuldest mir etwas, weil ich so viel für dich getan habe."

- „Ich werde mich immer wichtiger fühlen als du, weil ich viel mehr erreicht habe."

- „Wenn du wirklich mein Freund wärst, würdest du das tun, was ich sage."

- „Ich bin deine beste Freundin, also solltest du mir vertrauen und nicht hinterfragen, was ich sage."

1.7 Warum sind toxische Beziehungen so schädlich?

Wenn wir uns in einer toxischen Beziehung befinden, kann das Auswirkungen auf jeden Bereich unseres Lebens haben. Solche zwischenmenschlichen Verbindungen sind nicht einfach nur unangenehm, sie sind auch sehr schädlich für unser körperliches und geistiges Wohlbefinden. Die Auswirkungen können weitreichend sein – von Depressionen und Angstzuständen bis zu körperlichen Krankheiten und Suchtverhalten.

Verschiedene Studien haben gezeigt, dass Menschen, die in toxischen Beziehungen leben, häufiger unter psychischen Erkrankungen wie Depressionen und Angstzuständen leiden. Das liegt oft daran, dass sie sich in einem ständigen Zustand von Stress und Unsicherheit befinden. Sie fühlen sich verängstigt, überwacht und mit genau diesen Eindrücken fühlen sie sich wiederum völlig allein. Sie glauben, dass sie nicht aus ihrer Beziehung ausbrechen können, was dazu führt, dass sie eines Tages beginnen, an sich selbst und an ihren Fähigkeiten zu zweifeln.

Solch schädliche Verhältnisse können aber auch zu körperlichen Erkrankungen führen. So leiden Menschen in toxischen Beziehungen häufiger unter Beschwerden wie Kopfschmerzen, Magenproblemen und Schlafstörungen. Auch das lässt sich auf den andauernden Zustand von Stress zurückführen, der das Immunsystem beeinträchtigt.

Im schlimmsten Fall können Schmerz, Angst und letztlich die Verzweiflung sogar in Suchverhalten resultieren. Der Wunsch, sich und die eigenen Gefühle zu betäuben, kann zu Alkohol- oder Drogenmissbrauch oder anderen Formen der Abhängigkeit führen.

Ein Teufelskreis, in dem die Sucht das Leben der Betroffenen nur noch weiter verschlechtert.

Destruktive Beziehungen können selbstverständlich auch schwerwiegende Auswirkungen auf zukünftige Beziehungen haben. Wenn ein Partner, Freund oder ein Angehöriger den anderen kontrolliert, manipuliert oder einschüchtert, können neben Depressionen und Angstzuständen auch posttraumatische Belastungsstörungen die Folge sein. Erfahrungen wie diese können also dazu führen, dass du auch zukünftig weniger Vertrauen in andere, und folglich Schwierigkeiten hast, zwischenmenschliche Bindungen aufzubauen.

Ein toxisches Verhältnis kann dich sogar in negative Verhaltensmuster verwickeln, die sich auf dein weiteres Leben auswirken können. Zum Beispiel könnte eine stark problembehaftete Partnerschaft dazu führen, dass du dich selbst vernachlässigst, um den Anforderungen deines Gegenübers gerecht zu werden, was in zukünftigen Beziehungen zu einem Muster von Selbstverleugnung führen könnte. Eines der wohl am leichtesten greifbaren Beispiele ist extreme Eifersucht in romantischen Beziehungen. Wenn dein Partner ständig überwacht, mit wem du sprichst und was du tust, kann das dazu führen, dass du dich schließlich selbst aufgibst, um ihm keinen Grund zur Eifersucht zu geben. In zukünftigen Beziehungen könntest du dann dazu neigen, deine eigenen Bedürfnisse und Wünsche hintenanzustellen – einfach nur um mögliche Konflikte zu vermeiden.

Es gibt Studien, die darauf hindeuten, dass toxische Partnerschaften auch zu Bindungsängsten und sogar zu Erziehungsproblemen führen können. Eine ältere Studie aus dem Jahr 2013 ergab zum Beispiel, dass Frauen, die in einer toxischen Beziehung leben, häufiger unter Bindungsängsten leiden als Frauen in gesunden Beziehungen. Eine andere Studie aus dem Jahr 2018 ergab, dass Kinder, die in einer toxischen familiären Umgebung aufwachsen, ein höheres Risiko besitzen, später psychische Probleme und Schwierigkeiten in Beziehungen zu entwickeln.

Selbstverständlich gibt es auch andere Faktoren, die zur Entstehung eines gestörten Beziehungsverhaltens beitragen. Trotzdem wird deutlich, welchen Einfluss toxische Verbindungen auf unsere psychische Gesundheit in allen Lebensbereichen haben können. So führen sie am Arbeitsplatz in den meisten Fällen zu einem allgemeinen negativen Arbeitsklima, das sich auf die Produktivität und die Zufriedenheit der Mitarbeiter auswirkt. Die dadurch entstehende Atmosphäre des Misstrauens, der Angst und der Unsicherheit, hat in der Regel zur Folge, dass sich die Mitarbeiter unwohl fühlen und nicht ihr volles Potenzial ausschöpfen können. Eine Studie des Forschungsinstituts „Gallup" hat genau das gezeigt: Fast 50 % der Arbeitnehmer in den USA sind überzeugt, dass sie von ihren Vorgesetzten nicht ausreichend anerkannt werden. Dies kann zu einem Gefühl der Frustration und des Respektverlusts führen, das sich wiederum in Konflikten und toxischen Beziehungen äußern kann. Eine weitere Studie hat gezeigt, dass Mitarbeiter, die sich von ihrem Vorgesetzten ungerecht behandelt fühlen, häufiger unter körperlichen und psychischen Krankheitssymptomen leiden als Mitarbeiter, die sich fair behandelt fühlen.

Toxische Familienbeziehungen wiederum können, wie bereits erwähnt, die wohl langfristigsten Auswirkungen auf das psychische Wohlbefinden der beteiligten Familienmitglieder haben. In einer Studie wurde festgestellt, dass Personen, die in toxischen Familienbeziehungen aufgewachsen sind, ein höheres Risiko für psychische Erkrankungen wie Depressionen und Angstzustände besitzen.

Die Faktoren, die das Entstehen von ungesunden Beziehungsdynamiken fördern und in welchen Phasen sich toxische Beziehungen manifestieren, werden wir im nächsten Kapitel untersuchen.

2

Rezept für Unheil: Wie entstehen toxische Beziehungen?

2.1 Faktoren, die zur Entstehung von toxischen Beziehungen beitragen können

Wenngleich sich alle toxische Beziehungen immer durch ein Ungleichgewicht in der Machtverteilung auszeichnen, bei dem eine Person versucht, Kontrolle über die andere zu erlangen und diese zu manipulieren oder einzuschüchtern, sind die Gründe und Faktoren für das Entstehen solcher Beziehungen vielfältig. Von traumatischen Erfahrungen bis zu fehlenden Beziehungsfähigkeiten, von einem Mangel an emotionaler Intelligenz hin zu schlichtem Missbrauch von Macht – die Umstände, die zu ungesunden und belastenden Verbindungen beitragen können, sind so individuell wie die Menschen selbst.

Eine der häufigsten Ursachen, die das Entstehen eines Ungleichgewichtes in einer Beziehung stark begünstigen, liegt in früheren Traumata. Menschen, die in der Vergangenheit traumatische Erfahrungen gemacht haben, die insbesondere Missbrauch oder Vernachlässigung erlebt haben, finden sich später überdurchschnittlich oft in toxischen Beziehungen wieder. Eine Studie aus dem Jahr 2020 aus der Fachzeitschrift „Journal of Interpersonal Violence" ergab beispielsweise, dass Frauen, die in der Kindheit Opfer von körperlicher oder sexueller Gewalt wurden, eher dazu neigen, toxische Beziehungen zu führen. Das mag oberflächlich betrachtet unlogisch erscheinen, würde man doch das genaue Gegenteil erwarten, aber die emotionale Misshandlung, also die Kontrolle und Dominanz innerhalb der toxischen Liebesbeziehung, stellt für diese Frauen eine Art Normalität dar, in der sie sich auf seltsame Weise sicher fühlen. Es ist ein vertrautes Umfeld für sie, wenn auch ein schädliches. Vielleicht kennst du die These, dass man sich bei der Partnerwahl angeblich immer auf den gleichen Typ Mensch einlässt. Und vielleicht hast du bei deinen Partnern auch schon einmal gedacht, dass sie gewisse Charakteristika oder Wesenszügen teilen. Mindestens aber kennst du jemanden, der sich immer wieder auf Partner mit fast identischen Eigenschaften und Persönlichkeitsmerkmalen einlässt, obwohl keine der vergangenen Beziehungen bisher gesund und erfüllend war. Hierbei handelt es sich um ein ähnliches Phänomen, denn dieses wiederkehrende Muster der Abhängigkeit basiert ebenfalls häufig auf der inneren Überzeugung und den eigenen Glaubenssätzen, die mit ungesunden Beziehungen in der Kindheit einhergehen und die im Laufe des Lebens – oder im Laufe verschiedener toxischer zwischenmenschlicher Beziehungen – geprägt worden sind: dem Gedanken, dass eine Beziehung gar nicht anders sein kann oder sogar dem Glauben, dass man nichts anderes, nicht Besseres verdient hat.

Das bringt uns zum zweithäufigsten Faktor, der toxische Beziehungen begünstigt: mangelndes Selbstwertgefühl.

Menschen, die sich selbst nicht genug schätzen, können leichter in

Beziehungen geraten, in denen sie sich unterlegen fühlen und in denen der andere Partner die Kontrolle übernehmen möchte. Eine Studie aus dem Jahr 2019 aus dem Fachjournal „Personality and Individual Differences" belegte beispielsweise, dass ein niedriges Selbstwertgefühl mit einem höheren Risiko für emotionale Abhängigkeit und ungesunde Beziehungen verbunden ist. Die Teilnehmer mit einem niedrigen Selbstwertgefühl berichteten auch von einer größeren Anzahl an Konflikten in ihren Beziehungen und einem höheren Maß an Eifersucht und Kontrollverhalten, dem sie ausgesetzt waren. Man kann also sagen, dass Menschen mit einem niedrigen Selbstwertgefühl dazu neigen, negative Gedanken über sich selbst zu haben und sich häufig in Beziehungen befinden, die diese negativen Überzeugungen auch noch bestätigen. Die Folgen sind so logisch, wie verheerend: Die Bekräftigung der negativen Glaubenssätze innerhalb der toxischen Beziehung kann dazu führen, dass das Selbstwertgefühl des Opfers weiter sinkt und die emotionale Abhängigkeit wiederum verstärkt wird. Ein Teufelskreis. Dazu sei aber gesagt, dass die Korrelationen zwischen Selbstwertgefühl und emotionaler Abhängigkeit durch die Studie von 2019 zwar aufgezeigt wurden, aber dies nicht unbedingt Kausalität beweist. Die Zusammenhänge zwischen Selbstwertgefühl und romantischen Beziehung sind komplex und in den meisten Fällen ist es eine individuelle Kombination an begünstigenden Gründen und Umständen, die Betroffenen Schwierigkeiten bereitet, gesunde Beziehungen aufzubauen oder aufrechtzuerhalten.

Ein weiterer Faktor, der das Entstehen toxischer Beziehungen fördert, ist fehlende Beziehungsfähigkeit – also ein Mangel an Empathie, Kommunikation, Kompromissbereitschaft, Konfliktlösung, Vertrauen, Respekt und Ehrlichkeit. Menschen, die Schwierigkeiten haben, gesunde Verbindung zu anderen herzustellen, können deshalb leichter in destruktive Partnerschaften geraten, da sie sich einfach nicht bewusst sind, was eine gesunde Beziehung ausmacht. Eine Studie aus dem Jahr 2017 aus dem „Journal of Social and Personal Relationships" kam genau zu diesem Ergebnis: Menschen mit schlechten Beziehungsfähigkeiten besitzen unter anderem deshalb ein höheres Risiko, ungesunde Verbindungen einzugehen und zu tolerieren, weil sie sich unsicher fühlen und möglicherweise Probleme haben, Grenzen zu setzen und ihre eigenen Bedürfnisse und Wünsche auszudrücken. Weiterhin können sie auch dazu neigen, ihre Identität und ihr Glück von ihren Beziehungen abhängig zu machen.

Dabei lassen sich fehlende Beziehungsfähigkeiten ähnlich wie ein mangelndes Selbstwertgefühl häufig auf die Kindheit zurückführen. Viele Erfahrungen, die wir in jungen Jahren machen, können prägend für unser späteres Beziehungsverhalten sein. Denn zusätzlich zu starken Traumata wie Missbrauch, kann auch bereits eine geringe Vernachlässigung oder emotionale Entbehrung und Gefühlskälte in der Kindheit dazu führen, dass ein Mensch später Schwierigkeiten hat, Vertrauen aufzubauen und enge Beziehungen einzugehen. Es ist auch nicht verwunderlich, dass das Fehlen von emotionaler Zuwendung, Wärme, Liebe und Fürsorge seitens der Eltern oder anderen wichtigen Bezugspersonen zu einer ungesunden Selbstwahrnehmung führen kann, ebenso wie Ablehnung oder Überforderung, durch beispielsweise überzogen kritisches oder abwertendes Verhalten von Eltern oder auch Lehrern.

Natürlich muss nicht jeder Mensch, der eine schwierige Kindheit hatte, zwangsläufig später mit Beziehungsproblemen zu kämpfen haben, aber es kann ein Faktor sein, der zu ebendiesen Problemen beiträgt. Insbesondere, wenn durch eine schwierige Kindheit ein Mangel an emotionaler Intelligenz entsteht, wird die Person aller Wahrscheinlichkeit nach in späteren Beziehungen nicht in der Lage sein, ihre eigenen Emotionen zu verstehen und angemessen auszudrücken oder die Emotionen anderer erkennen und darauf reagieren können.

Oft zeigen sich solch tiefverwurzelte ungesunde Verhaltensmuster, wenn eine Person sich in einer Partnerschaft zurückzieht oder abweisend wird, wenn der andere emotionalen Beistand benötigt, oder wenn eine Person wütend oder aggressiv reagiert, sobald sie mit negativen Emotionen konfrontiert wird.

Insgesamt gibt es noch eine Vielzahl anderer Einflüsse, die zur Entstehung toxischer Beziehungen beitragen und die in unterschiedlichen Ausprägungen und Kombinationen zum Tragen kommen können. Genau das macht es so schwer, eine dysfunktionale Verbindung gerade in den Anfängen als solche zu erkennen. Auch die unterschiedlichen Phasen oder Dynamiken, in denen sich ungesunde Beziehungen entwickeln und manifestieren, zeigen: Es gibt keine Schablone und keine Blaupause für toxische Beziehungen.

2.2 Die Phasen der Manifestation

Wie bereits erwähnt, beginnen auch ungesunde Beziehungen selten durchweg schlecht. Oft ist der Prozess des Verfalls schleichend und schreitet speziell für Außenstehende lange unbemerkt fort. Toxische Beziehungen manifestieren sich aber meistens in verschiedenen Phasen. Eine häufig verwendete Methode zur Beschreibung dieser Phasen ist das „Zyklusmodell der Gewalt", das ursprünglich für den Kontext der häuslichen Gewalt entwickelt wurde, aber auch auf andere Arten von toxischen Beziehungen angewendet werden kann, um die ungesunden und wiederkehrenden Verhaltensmuster leichter kenntlich zu machen. Die Phasen des Modells sind:

Spannungsaufbau

In dieser Phase gibt es Spannungen, Streitigkeiten und Konflikte, die sich langsam aufbauen.

Eskalation

Es kommt zu einem ersten Ausbruch von Gewalt oder Aggression, der oft von Schreien, Drohungen und körperlicher Gewalt begleitet wird.

Akute Gewalt

Jetzt erreicht die Gewalt einen Höhepunkt, und es kann zu schwerwiegenden körperlichen Verletzungen kommen.

Versöhnung

In dieser Phase versucht der Täter, das Opfer zurückzugewinnen, indem er sich entschuldigt, Geschenke macht oder verspricht, sich zu ändern.

Ruhephase

Es gibt keine offensichtlichen Anzeichen von Gewalt oder Aggression und alles scheint ruhig. Diese Phase kann jedoch nur von kurzer Dauer sein, bevor der Zyklus wieder von vorn beginnt.

Angewandt auf ein Verhältnis mit einem emotionalen Erpresser, könnten diese Phasen wie folgt aussehen:

Spannungsaufbau

In diesem Stadium wird der Erpresser versuchen, seine unangemessenen oder unrealistischen Wünsche und Bedürfnisse zu kommunizieren und darauf bestehen, dass diese erfüllt werden. Wenn der Empfänger dieser Botschaften nicht auf die Forderungen eingeht, steigt der Druck und die Spannung zwischen beiden Personen. Bereits in dieser Phase wird der Erpresser beginnen, seine Taktik anzupassen. Er wird etwa seine eigene Unsicherheit, Schwäche oder Verletzlichkeit in den Vordergrund stellen, um seine Ziele zu erreichen. Er kann sich sogar selbst als Opfer darstellen und den anderen dazu bringen, Mitleid oder Schuldgefühle zu empfinden, um ihn so emotional unter Druck zu setzen. Auch kann es in diesem Stadium bereits zu Drohungen oder Ultimaten kommen, mit denen der Manipulator seine Forderungen untermauert. Er könnte etwa damit drohen, die Beziehung zu beenden oder seinen Partner öffentlich bloßzustellen, wenn dieser nicht auf seine Wünsche eingeht. In diesem Stadium wird der Druck und die Spannung am höchsten sein.

Eskalation und Gewalt

Jetzt hat der emotionale Erpresser seine manipulativen Taktiken bereits voll eingesetzt. Er hat die Emotionen und Gedanken seines Opfers missbraucht, um es dazu zu drängen, seinen Forderungen nachzukommen. Wenn die andere Person immer noch nicht bereit ist, die Erwartungen der erpressenden Person zu erfüllen, kann es in diesem Stadium zur Bestrafung durch den Manipulator kommen, beispielsweise durch Zurückhaltung von Liebe oder Zuneigung oder durch direkte Vergeltungsmaßnahmen wie verbale oder sogar körperliche Angriffe. Die Opfer sind oft überrascht und überfordert, da sie nicht damit gerechnet haben, dass die Situation so eskaliert.

Versöhnung

In dieser Phase gibt das Opfer nach und erfüllt die Forderungen des Erpressers. Dadurch kann es den emotionalen Druck abbauen und die Spannung in der Beziehung reduzieren. Der Manipulator versucht nun sein Gegenüber zu beruhigen und zu beschwichtigen. Er zeigt Reue, verspricht Besserung und überschüttet den anderen mit Schmeicheleien und Geschenken. Der Partner ist erleichtert und hofft, dass die Beziehung gerettet werden kann.

Ruhephase

Der Manipulator verhält sich normal und freundlich, der Partner glaubt, dass die Beziehung endlich stabil bleiben wird. Es kann jedoch nur eine Frage der Zeit sein, bis neue Forderungen gestellt werden und sich wieder Spannungen aufbauen.

Hieran wird es besonders deutlich: Emotionale Erpressung ist nicht nur eine einzelne Handlung, sondern ein sich wiederholender Zyklus von Verhaltensweisen, welcher sich erst im Laufe verschiedener Phasen manifestiert. Dieser Zyklus wird sich so lange wiederholen, bis eine Veränderung herbeigeführt wird, zum Beispiel durch eine Trennung. Allerdings durchlaufen nicht alle Beziehungen alle Stadien und diese auch nicht immer in derselben Reihenfolge. Es ist daher möglich, dass ein emotionaler Erpresser etwa Druck und Spannung aufbaut, aber niemals bestraft, wenn er seine Ziele nicht erreicht. Andererseits gibt es auch Manipulatoren, die ausschließlich Angst nutzen, um ihre Wünsche durchzusetzen und vom bloßen Stellen der Forderungen sofort zu Vergeltungsmaßnahmen übergehen.

Es existieren jedoch noch andere Modelle, die die Entwicklungsstadien von toxischen Beziehungen anhand der Rollen der handelnden Personen beschreiben und dadurch in einigen Fällen besser geeignet sind, um die destruktiven Verhaltensmuster deutlich zu machen.

Ein Beispiel ist das Dreieck der Opfer-Täter-Retter-Beziehung, das von dem amerikanischen Psychologen Stephen Karpman entwickelt wurde. In diesem Modell gibt es drei Rollen, die eine Person in einer toxischen Beziehung einnehmen kann: Opfer, Täter und Retter. Die Person kann zwischen diesen Rollen hin- und herwechseln oder eine Kombination von ihnen gleichzeitig darstellen. Die Dynamik der Beziehung wird dabei durch das Zusammenspiel dieser Rollen bestimmt.

Beispielhaft anhand einer Beziehung mit einem Narzissten, wird das Modell folgendermaßen eingesetzt, um Betroffenen zu helfen, das ungesunde Schema zu erkennen und neue Wege zu finden, aus der toxischen Dynamik auszubrechen:

Zunächst beginnt die Beziehung vielversprechend, mit zahlreichen Komplimenten und Aufmerksamkeiten vonseiten des Narzissten. Doch mit der Zeit beginnt der Narzisst, die Kontrolle über die Beziehung zu übernehmen und den Partner herabzusetzen, überzogen kritisch zu sein und ihn zu manipulieren.

Opfer

Die Person, die in dieser Beziehung gefangen ist, kann sich als Opfer fühlen und glauben, dass der Narzisst ihr Leid zufügt.

Sie kann versuchen, dem Narzissten zu gefallen und seine Erwartungen zu erfüllen, um seine Liebe und Anerkennung zu gewinnen.

Täter

Dann kann die Person jedoch in die Rolle des Täters wechseln, indem sie versucht, den Narzissten zu kontrollieren oder ihm Vorwürfe zu machen. Dies kann dazu führen, dass der Narzisst sich angegriffen fühlt und gegen den Partner kämpft, indem er ihn weiterhin manipuliert oder angreift.

Retter

Schließlich kann die Person in die Rolle des Retters wechseln, indem sie versucht, dem Narzissten zu helfen oder ihn zu ändern, ihm beispielsweise beibringen möchte, wie man eine gesunde Beziehung führt. Doch kommt es genau dadurch aber zu einem erneuten Wechsel in die Opferrolle, da der Narzisst nicht bereit oder in der Lage ist, sich zu ändern.

Im nächsten Kapitel werden wir die Schweregrade der emotionalen Erpressung in romantischen Beziehungen untersuchen und erörtern, welche unterschiedlichen Erpressertypen es gibt und wie man sie enttarnt. Denn auch ein gutes Verständnis der gängigen Verhaltensmuster von Manipulatoren kann dabei helfen, toxische Beziehungen zu erkennen und sich vor Missbrauch zu schützen.

3

Gefühlsgeiselnehmer: Welche Rolle spielen emotionale Erpresser in toxischen Beziehungen?

3.1 Definition und Merkmale emotionaler Erpressung

Wir haben das Mittel der emotionalen Erpressung in toxischen Beziehung bereits angesprochen und du weißt, dass es eingesetzt wird, um Menschen zu manipulieren. Aber weißt du, wie man erkennt, ob man selbst emotional erpresst wird? Wie fühlt es sich an? Welche Persönlichkeitsmerkmale haben emotionale Erpresser und welche unterschiedlichen Arten der Erpressung gibt es? Welche Stadien durchlaufen emotionale Erpressungen? Und hast du vielleicht selbst einmal unbewusst emotionale Erpressung in einer Beziehung genutzt? In diesem Kapitel werden wir diese und weitere Fragen beantworten, bevor wir uns gemeinsam auf unseren Weg aus der Liebes-Hölle machen.

Emotionale Erpressung lässt sich zwar nicht immer auf den ersten Blick erkennen, aber dafür erstaunlich klar definieren: Es ist eine Form von verbalem und psychischem Missbrauch, bei der eine Person versucht, ihre Bedürfnisse, Wünsche oder Forderungen auf Kosten anderer durchzusetzen. Es ist ein Machtspiel, das auf der Ausnutzung von Gefühlen basiert und oft, aber nicht ausschließlich, in romantischen Beziehungen auftritt.

Dabei ist es wichtig zu beachten, dass emotionale Erpressung und emotionaler Missbrauch wie Verhöhnung, Verleumdung, Ignorieren oder Vernachlässigen nicht das Gleiche sind, aber in der Regel Hand in Hand gehen und deshalb meist unter emotionaler Erpressung zusammengefasst werden. Der Unterschied zwischen emotionalem Missbrauch und emotionaler Erpressung besteht zwar darin, dass emotionaler Missbrauch ein wiederholtes und systematisches Muster von Verhaltensweisen ist, das darauf abzielt, das Opfer zu kontrollieren und zu unterdrücken, während emotionale Erpressung sich direkt auf die Nutzung von emotionaler Manipulation beschränkt, um die eigenen Wünsche und Bedürfnisse zu erfüllen, ohne jedoch notwendigerweise das Ziel zu haben, das Opfer systematisch zu unterdrücken. In der Realität wird fast jeder emotionale Erpresser aber auch emotionalen Missbrauch ausüben, um seine Ziele zu erreichen.

3.2 Das FOG-Prinzip

Ein nützliches Werkzeug, um eine kritischere Haltung gegenüber emotionaler Manipulation im Allgemeinen zu entwickeln und die Fähigkeit zu verbessern, manipulative Verhaltensweisen in anderen Menschen zu erkennen und ihnen entgegenzuwirken, ist das FOG-Prinzip. Das Akronym und steht für Fear (Angst), Obligation (Verpflichtung) und Guilt (Schuld) und wurde von Dr. Susan Forward in ihrem Buch „Emotional Blackmail: When the People in Your Life Use Fear, Obligation, and Guilt to Manipulate You" eingeführt. Es kann dir helfen, emotionale Erpressung leichter zu erkennen, da es die drei emotionalen Reaktionen beschreibt, die Erpresser nutzen, um ihre Opfer zu manipulieren und die Kontrolle über sie zu erlangen.

Fear (Angst)

Die meisten emotionalen Erpresser nutzen ganz einfach Angst, um ihre Opfer einzuschüchtern und gefügig zu machen. Dies kann durch direkte Drohungen, Einschüchterung oder implizite Äußerungen erfolgen.

Obligation (Verpflichtung)

Einige Manipulatoren appellieren auch an das Verantwortungs- oder Pflichtgefühl ihrer Opfer. Sie nutzen den Druck, der durch gesellschaftliche Normen oder familiäre Bindungen entsteht, um andere dazu zu bringen, sich verpflichtet zu fühlen, die gestellten Forderungen zu erfüllen.

Guilt (Schuld)

Schuldgefühle werden sehr häufig von emotionalen Erpressern genutzt. Indem sie ihren Opfern das Gefühl geben, sie wären egoistisch, täten nicht genug oder würden ihre Pflichten vernachlässigen, erzeugen sie Schuldgefühle und zwingen andere dazu, ihren Forderungen nachzugeben, um diese unangenehmen Emotionen loszuwerden.

Um es etwas greifbarer zu machen, stell dir einfach folgende Situationen vor: Dein Partner sagt dir, dass er sich von dir trennen wird, wenn du nicht aufhörst, so viel Zeit mit deinen Freunden zu verbringen. Oder deine Eltern sagen dir, dass sie dich nicht mehr lieben werden, wenn du nicht auf ihre Wünsche eingehst. Und dein Chef droht dir mit dem Verlust deines Jobs, solltest du keinen Überstunden machen. Das alles sind emotionale Erpressungen, die darauf abzielen, dich mit Angst, Schuld- oder Pflichtgefühlen gefügig zu machen.

3.3 Warum nutzen manche Menschen emotionale Erpressung in Beziehungen?

In jeder Beziehung, selbst in gesunden, liebevollen und reflektierten Partnerschaften, gibt es Konflikte und Auseinandersetzungen. In toxischen Beziehungen werden diese Konflikte jedoch nicht gelöst, sondern durch ungesunde Verhaltensweisen wie emotionale Erpressung verschärft, wenn eine Person mit Angst, Druck oder Schuldgefühlen versucht, die eigene Meinung oder Forderung durchzusetzen. Die Gründe, warum Menschen emotionale Erpressung einsetzen, können dabei sehr unterschiedlich sein und manchmal sogar in der Kindheit oder frühen Traumata begründet liegen (siehe Kapitel 2).

Eine Studie aus dem Jahr 2015, veröffentlicht im „Journal of Interpersonal Violence", untersuchte die Zusammenhänge zwischen Persönlichkeitsmerkmalen, Stress und der Nutzung von emotionaler Erpressung in romantischen Beziehungen. Die Ergebnisse zeigten, dass Menschen, die höhere Werte von Neurotizismus aufweisen, also dazu neigen, auf Stress und Belastungen empfindlicher zu reagieren und folglich oft Probleme haben, mit schwierigen Situationen umzugehen, auch eher dazu neigen, emotionale Erpressung in Beziehungen zu nutzen. Es ist die Tendenz zur emotionalen Instabilität oder, vereinfacht gesagt, die eigene Unsicherheit, die zu einem erhöhten Bedürfnis nach Kontrolle und Sicherheit führen kann. Emotionale Erpressung ist dabei nur in Mittel zum Zweck, dieses Ziel vermeintlich schneller und nachhaltiger zu erreichen.

Ein anderer, in vielen Fällen vorkommender Grund für emotionale Erpressung ist die Angst vor Verlust oder Verlassenwerden. Hierbei versucht der eine Partner den anderen durch Manipulationstaktiken dazu zu bringen, bei ihm zu bleiben, auch wenn die Beziehung nicht den eigenen Vorstellungen entspricht. Die Angst verlassen zu werden, kann sich auch in dem Versuch äußern, den Partner davon abzuhalten, eigene Ziele oder Interessen zu verfolgen.

Emotionale Erpressung kann aber auch als Reaktion auf Traumata auftreten. Menschen, die beispielsweise in der Vergangenheit betrogen oder verletzt wurden, versuchen häufiger, durch emotionale Erpressung in der Beziehung Sicherheit zu finden und so ihre eigenen Unsicherheiten zu überwinden.

Ein weiterer möglicher Grund für emotionale Erpressung kann sein, dass der Manipulator das ungesunde Verhaltensmuster erlernt hat. Eine Studie aus dem Jahr 2016, die in der Fachzeitschrift „Family Process" veröffentlicht wurde, legt nahe, dass Menschen, die in der Kindheit erlebt haben, dass emotionale Erpressung ein erfolgreiches Mittel zur Durchsetzung ihrer Bedürfnisse ist, eher dazu neigen, dies später selbst in romantischen Beziehungen zu nutzen.

Oft ist es auch schlichter Egoismus gepaart mit der Angst davor, die Kontrolle zu verlieren, der jemanden zum erpresserischen Verhalten treibt, denn emotionale Erpresser können sehr dominant und manipulativ sein, ihre Macht sehr bewusst nutzen, um andere zu kontrollieren und ihre Unsicherheit zu kompensieren. Es ist also möglich, dass beispielsweise Narzissten, die sich immer durch ein hohes Maß an Egoismus auszeichnen, sich emotionale Erpressung einfach zunutze machen, um die eigenen Bedürfnisse durchzusetzen.

Aber egal, aus welchem Grund sie verwendet wird: Emotionale Erpressung kann erklärt, aber nicht entschuldigt werden. Sie ist niemals akzeptabel.

Es gibt zwar keine einheitliche Liste von Persönlichkeitsmerkmalen, die alle emotionalen Erpresser gemeinsam haben, denn wie bereits erwähnt, kann emotional erpresserisches Verhalten aus verschiedenen Gründen auftreten und sich auf unterschiedliche Weise manifestieren. Einige Studien deuten jedoch darauf hin, dass emotionale Erpresser besonders häufig Charakteristika aufweisen wie:

- Ein hohes Maß an Kontrollbedürfnis und Dominanzstreben

- Ein geringes Selbstwertgefühl und eine ausgeprägte Abhängigkeit von anderen

- Ein eingeschränktes Empathievermögen und mangelnde Fähigkeit, die Perspektive anderer einzunehmen

- Eine Neigung zur Manipulation und zum Ausnutzen der Schwächen anderer

Menschen, die emotionale Erpressung anwenden, haben zusätzlich oft eine Tendenz, ihre eigenen Bedürfnisse über die ihrer Opfer zu stellen. Sie kümmern sich meist wenig um die Wünsche und Gefühle anderer und können allgemein egoistisch und manipulativ sein. Überdies leiden sie häufig unter Schwierigkeiten, Verantwortung für ihr eigenes Verhalten zu übernehmen und neigen dazu, anderen die Schuld für ihre eigenen Fehler zu geben. Anders gesagt: Ein hohes Maß an Egozentrik und Selbstbezogenheit sind bei emotionalen Erpressern ebenfalls überdurchschnittlich oft anzutreffen.

Es ist jedoch wichtig zu beachten, dass diese Merkmale nicht immer bei jedem Manipulator vorhanden sein müssen und das Vorhandensein dieser Wesenszüge nicht automatisch bedeutet, dass jemand ein emotionaler Erpresser ist oder werden muss.

3.4 Typische Verhaltensmuster

Emotionale Erpressung kann viele Formen annehmen und sich auf verschiedene Arten zeigen. Ständige Schuldzuweisungen, passiv-aggressives Verhalten und extreme Reaktionen sind dabei nur einige der Verhaltensweisen, an denen man emotionale Erpresser erkennen kann. Ihr Vorgehen ist aber häufig nicht offensichtlich – manchmal ist es nicht einmal vorsätzlich. Ihre Taktiken sind oft versteckt hinter scheinbar unschuldigen oder liebevollen Gesten und Worten. Hinzu kommt, dass es verschiedene Typen von emotionalen Erpressern gibt, die sich durch unterschiedliche manipulative Methoden auszeichnen. Es ist daher wichtig, dass wir erst einmal die fünf häufigsten Verhaltensmuster untersuchen:

Ständige Schuldzuweisungen

Ein von emotionalen Erpressern häufig verwendetes Mittel ist das Verschieben von Schuld auf ihre Partner. Sie machen den anderen für ihre eigenen Probleme und Schwierigkeiten verantwortlich und setzen ihn unter Druck, um ihre Bedürfnisse zu erfüllen. Zum Beispiel könnten sie sagen: „Du machst mich unglücklich.", oder „Wenn du mich wirklich liebst, würdest du das für mich tun."

Passiv-aggressives Verhalten

Emotionale Erpresser nutzen oft passiv-aggressives Verhalten, indem sie ihre Bedürfnisse und Wünsche nur indirekt ausdrücken. Sie könnten ihre Partner auch ignorieren, um ihn zu bestrafen, wenn er nicht das tut, was sie wollen.

Manipulative Gesten

Um ihre Ziele zu erreichen, greifen die meisten emotionalen Erpresser auch auf direkte manipulative Gesten zurück. Häufig überschütten sie ihre Partner mit Geschenken oder Nettigkeiten, um sie zu beeindrucken und sie dazu zu bringen, das zu tun, was sie wollen. Sie könnten aber auch plötzlich krank werden oder sich sogar selbst verletzen, um ihr Gegenüber dazu zu bringen, ihre Bedürfnisse zu erfüllen.

Kontrollierendes Verhalten

Emotionale Erpresser können auch kontrollierendes Verhalten an den Tag legen, indem sie ihre Partner einschränken und deren Handlungen überwachen. Sie könnten sie beispielsweise daran hindern, Zeit mit Freunden oder Familie zu verbringen, um sie von ihnen zu isolieren. Oft versuchen sie auch ihre Opfer davon abzuhalten, Karrierechancen oder persönliche Ziele zu verfolgen, um eine Abhängigkeit aufrechtzuerhalten.

Extreme Reaktionen

Wenn sie ihr Ziel nicht erreichen, sind extreme Reaktionen bei emotionalen Erpressern keine Seltenheit. Sie versuchen dann meist, ihre Partner unter Druck zu setzen, indem sie mit Trennung oder Selbstverletzung drohen, wenn ihre Bedürfnisse nicht erfüllt werden.

3.5 Die unterschiedlichen Erpressertypen

Das eine oder andere Verhaltensmuster wird dir sicher bekannt vorkommen. Nun klingen sie im Vorgehen allesamt sehr aktiv und teilweise sogar aggressiv. Aber nicht jeder Erpresser tritt zwangsweise dominant auf. Wie bereits erwähnt, wenden die verschiedenen Typen von emotionalen Erpressern auch unterschiedliche Taktiken an. Lass dich deshalb nicht täuschen. Emotionale Erpressung kann so schleichend und unerkannt fortschreiten, dass man sie mit einem leicht geöffneten Gasventil vergleichen könnte: Man sieht nichts, riecht nichts und bemerkt lediglich, dass man immer müder und schwächer wird – bis es womöglich zu spät ist und einen das austretende Gas vergiftet hat. Insbesondere dem bedürftigen Erpresser gelingt es oftmals, die emotionale Erpressung so geschickt zu maskieren, dass sein Handeln für gutgläubige Menschen nahezu unsichtbar bleibt. Es ist deshalb wichtig, dass du alle fünf Haupttypen und ihre Sprache kennst.

Der bedürftige Erpresser

Dieser Erpressertyp erzeugt Schuldgefühle, indem er ständig seine eigenen Bedürfnisse betont und darauf besteht, dass sie erfüllt werden. Wenn du nicht tust, was er will, fühlt er sich verletzt und macht dir Vorwürfe. Der bedürftige Erpresser kann auch passiv-aggressiv sein und dir Vorhaltungen machen, wenn du nicht automatisch weißt, was er will. Er wird dir sagen: „Ich brauche wirklich deine Hilfe. Ich fühle mich so überfordert und ich weiß nicht, was ich ohne dich tun würde. Bitte, kannst du das für mich tun?" oder „Ich bin so unglücklich und es ist alles deine Schuld. Du musst mir helfen, sonst weiß ich nicht, was ich tun soll."

Der drohende Erpresser

Der drohende Erpresser nutzt Einschüchterungen, um seinen Willen durchzusetzen. Er kann damit drohen, die Beziehung zu beenden, dir zu schaden oder dich öffentlich bloßzustellen, wenn du nicht auf seine Forderungen eingehst. Diese Art von emotionaler Erpressung kann sehr destruktiv sein und ist oft ein Zeichen für eine toxische Beziehung im fortgeschrittenen Stadium. Diesen Erpressertyp erkennst du an Sätzen wie: „Wenn du nicht sofort tust, was ich dir sage, dann werde ich dich verlassen. Du bist nichts ohne mich und du wirst nie jemanden finden, der dich so liebt wie ich". Er könnte sogar noch dominanter auftreten und dir sagen: „Du weißt, dass ich immer recht habe und du solltest mir besser gehorchen, wenn du willst, dass diese Beziehung funktioniert."

Der selbstmitleidige Erpresser

Ihm geht es darum, dein Mitgefühl zu gewinnen, indem er sich als Opfer darstellt. Er kann sich als unverstanden, allein gelassen oder benachteiligt ausgeben und dich dazu bringen, dich schuldig zu fühlen, wenn du nicht auf seine Wünsche eingehst. Der selbstmitleidige Erpresser kann auch versuchen, Mitleid von anderen Menschen in seinem Umfeld zu gewinnen, um seine Ziele durchzusetzen. Er sagt Sätze wie: „Ich weiß, dass du viel um die Ohren hast, aber ich fühle mich so allein und niemand versteht mich. Du bist die einzige Person, auf die ich mich verlassen kann. Bitte, tue das für mich." oder „Ich hatte es immer so schwer, weil ich nicht so klug bin wie du. Ohne deine Hilfe schaffe ich es also nicht."

Der fürsorgliche Erpresser

Dieser Erpressertyp kommt sehr häufig vor. Er versucht, ähnlich dem selbstmitleidigen Erpresser, ein Gefühl der Schuld oder der Verantwortung zu erzeugen, um seine Bedürfnisse zu erfüllen. Er wird so tun, als ob er dich uneigennützig vor etwas rettet, um dich damit unter Druck zu setzen und dir unter anderem Folgendes sagen: „Ich mache das alles für dich, weil ich dich liebe und nur dein Bestes will. Du musst mir vertrauen und tun, was ich sage."

Der manipulative Erpresser

Der manipulative Erpresser ist sehr geschickt darin, dich dazu zu bringen, das zu tun, was er will. Er kann dich manipulieren, indem er Lügen erzählt oder dich mit falschen Versprechungen lockt. Dieser Erpressertyp ist oft sehr charmant und kann sich sogar dein Vertrauen erschleichen, obwohl du weißt, dass er manipulativ ist. Präge dir seine Sprache daher gut ein: „Ich schwöre dir, ich habe nichts falsch gemacht. Du musst mir einfach glauben und mir helfen, aus dieser Situation herauszukommen." oder „Ich verstehe, dass du das nicht tun willst, aber es ist wirklich wichtig für mich und ich dachte, du würdest mich unterstützen und mir helfen, meine Ziele zu erreichen."

Vergiss nicht, dass einige Menschen sind in der Lage sein können, mehrere Arten von emotionaler Erpressung zu verwenden. Zum Beispiel kann ein bedürftiger Erpresser auch Drohungen verwenden, um seinen Willen durchzusetzen und auch der manipulative Erpresser setzt in der

Praxis häufig auf Mitleid oder übertriebene Fürsorge, um seine Ziele zu erreichen.

3.6 Emotionale Erpresser enttarnen

Emotionale Erpresser können wahre Meister darin sein, ihre toxischen Absichten hinter einer Maske aus Liebe und Fürsorge zu verbergen, unabhängig davon, ob sie ihre Opfer bewusst oder unbewusst erpressen. Es ist daher nicht leicht, sie zu enttarnen und manchmal dauert es Jahre, bis man ihre manipulativen Verhaltensweisen und Taktiken konkret als solche benennen kann. Um ihre Ziele zu erreichen, bedienen sich emotionale Erpresser nämlich einer Vielzahl von Taktiken, die darauf abzielen, dich zu verwirren, dich in die Defensive zu drängen oder deine Wahrnehmung der Realität zu verzerren. Diese Strategien sind ebenfalls schwer zu erkennen, da sie geschickt in alltäglichen Interaktionen versteckt sind. Ein besseres Verständnis dieser Methoden kann jedoch dazu beitragen, emotionale Erpressung frühzeitig zu erkennen und sich dagegen zu wehren. Dr. George K. Simon beschreibt in seinem Buch „In Sheep's Clothing" einige dieser Taktiken.

Charme

Emotionale Erpresser können sehr charmant und liebenswürdig erscheinen, wenn sie möchten, um ihre wahren Absichten zu verschleiern und dich subtil zu manipulieren. Oft reicht schon ein entwaffnendes Lächeln während einer Diskussion oder ein Kompliment, um dein Vertrauen zu gewinnen.

Rationales Denken vortäuschen

Sie können auch Vernunft und Logik simulieren, um ihre Argumente überzeugender erscheinen zu lassen und ihre manipulativen Absichten zu verbergen. Ein emotionaler Erpresser könnte zum Beispiel sagen: „Ich verstehe nicht, warum du so unglücklich bist, wenn ich gelegentlich ausgehe. Schließlich ist es für eine gesunde Beziehung wichtig, auch Zeit für sich zu haben." In Wahrheit verheimlicht er aber nur, dass er diese Zeit für sich nutzt, um andere Menschen zu manipulieren oder dich zu hintergehen.

Minimierung

Emotionale Erpresser können sogar die Schwere ihrer Handlungen herunterspielen oder sie als harmlos darstellen, um nicht aufzufliegen. Auf unangemessenes Verhalten angesprochen könnte der Manipulator beispielsweise antworten: „Ich habe doch nur einen kleinen Scherz gemacht, du reagierst vollkommen über. Es war doch nichts dabei."

Schuldumkehr

Häufig versuchen emotionale Erpresser, die Schuld von sich auf dich zu lenken, um von ihren eigenen manipulativen Handlungen abzulenken. Wenn du etwa Bedenken über ein bestimmtes Verhalten äußerst, könnte der Manipulator dir entgegnen: „Du bist es, der immer so misstrauisch ist und mir böse Absichten unterstellt. Du solltest an deinem Vertrauen arbeiten."

Ablenkung

Werden sie mit ihrem Verhalten konfrontiert, neigen viele emotionale Erpresser dazu, vom eigentlichen Problem abzulenken, indem sie in der Diskussion plötzlich das Thema wechseln, um dich zu verwirren.

Projektion

Sie können auch ihre eigenen negativen Eigenschaften oder Verhaltensweisen auf dich projizieren, um dich so in die Defensive zu drängen. Ein emotionaler Erpresser, der beispielsweise selbst untreu ist, könnte dir Untreue vorwerfen und sagen: „Du bist immer so freundlich zu anderen Menschen, ich wette, du gehst mir fremd!"

Es geht bei der Auflistung der Verschleierungstaktiken natürlich nicht darum, dass jede Unwahrheit oder eine schlechte Streit- und Diskussionskultur sofort bedeutet, dass man manipuliert wird und die Beziehung toxisch ist. Vielmehr ist es wichtig, wiederkehrende Muster zu erkennen und aufmerksam zu sein, denn die meisten emotionalen Erpresser wenden nicht notwendigerweise alle Taktiken gleichermaßen an und passen ihr Verhalten in der Regel auch je nach Situation, Ziel und Stärke und Schwäche des Opfers an.

3.7 Die Schweregrade der emotionalen Erpressung

Emotionale Erpressung kann nicht nur in verschiedenen Formen auftreten und unterschiedliche Auswirkungen auf die betroffenen Personen haben. Wir können auch die Schwere der emotionalen Erpressung auf einem Kontinuum betrachten, das von subtilen Taktiken bis zu extremen und offensichtlichen Methoden reicht.

Die Schwere der emotionalen Erpressung hängt dabei von verschiedenen Faktoren ab, wie der Persönlichkeit des Erpressers, der Art der Beziehung zwischen den beiden Personen, den spezifischen Taktiken, die der Erpresser anwendet und ob er diese bewusst oder unbewusst einsetzt. Vom Schweregrad und seinen Folgen kann auch abhängen, ob eine Beziehung mit einem emotionalen Erpresser noch zu retten oder eine Trennung unausweichlich ist.

Subtile emotionale Erpressung

Hierbei kann der Erpresser leichte Schuldgefühle erzeugen, indirekte Bemerkungen machen oder versuchen, deine Meinung zu beeinflussen, ohne direkt zu manipulieren. Subtile emotionale Erpressung kann schwierig zu erkennen sein, da sie oft in alltäglichen Gesprächen oder Handlungen versteckt ist.

Ein Partner könnte dir sagen: „Ich dachte, du liebst mich, aber wenn du mich wirklich lieben würdest, würdest du das für mich tun." und ein Freund würde unter anderem eine Bemerkung machen wie: „Schade, dass du an meinem Geburtstag nicht da sein kannst. Ich hätte gedacht, unsere Freundschaft wäre dir wichtiger."

Hier reicht häufig ein klärendes Gespräch, das Aufschluss geben sollte, ob die emotionale Erpressung bewusst erfolgt und ob die Person Einsicht und Veränderungswillen zeigt.

Moderate emotionale Erpressung

In diesem Fall kann der Erpresser stärkere Schuldgefühle erzeugen, Drohungen aussprechen oder dich unter Druck setzen, um seine eigenen Bedürfnisse und Wünsche zu erfüllen. Diese Art von emotionaler

Erpressung kann bereits wesentlich mehr Schaden anrichten, weil du dich möglicherweise gezwungen fühlst, nachzugeben, um den Konflikt zu vermeiden oder die Beziehung aufrechtzuerhalten.

Ein Familienmitglied könnte beispielsweise damit drohen, dein Geheimnis preiszugeben, wenn du nicht tust, was von dir verlangt wird oder ein Partner könnte dich mit Schweigen bestrafen oder dich ignorieren, bis du nachgibst und seinen Forderungen nachkommst.

In diesem Fall muss je nach Häufigkeit und Auswirkungen des erpresserischen Verhaltens abgewogen werden, ob weitere Unterstützung nötig ist, damit die Beziehung entweder gesund fortschreiten kann oder sie möglicherweise beendet werden muss. In jedem Fall wird es sinnvoll sein, auch hier zuerst ein klärendes Gespräch zu suchen, sofern das möglich ist.

Schwere emotionale Erpressung

In extremen Fällen kann der emotionale Erpresser offen drohen, Gewalt anwenden oder dich sogar in ernsthafte Gefahr bringen, um seine Ziele zu erreichen. Schwere emotionale Erpressung ist oft mit anderen Formen von Missbrauch verbunden, wie körperlicher Gewalt, sexuellem Missbrauch oder Stalking.

Das ist der Fall, wenn ein Partner etwa droht, sich selbst oder andere zu verletzen, wenn seine Forderungen nicht erfüllt werden und beispielsweise sagt: „Wenn du mich verlässt, werde ich mich umbringen." Auch wenn ein Elternteil droht, das Sorgerecht für die Kinder zu entziehen oder den Umgang zu verweigern, wenn der andere Elternteil nicht tut, was verlangt wird, ist das schwere emotionale Erpressung.

In solchen Fällen ist es wichtig, keine Zeit zu verlieren und sofort Unterstützung zu suchen, die Erpressung zu dokumentieren, rechtlichen Rat einzuholen oder umgehend Schutz zu suchen.

Unabhängig vom Schweregrad der Manipulation sind emotionaler Missbrauch und Erpressung aber niemals gerechtfertigt. Daher ist es auch wichtig, sich bewusst zu machen, dass du, ebenfalls unabhängig vom Schweregrad der Erpressung, jederzeit das Recht hast, Beziehungen zu beenden, um dich selbst zu schützen.

3.8 Unbewusste emotionale Erpressung in gesunden Beziehungen

Auch in gesunden Beziehungen kann es zu emotionaler Erpressungen kommen. Hierbei handelt es sich aber um subtile Verhaltensweisen, die weder bewusst als Erpressung wahrgenommen werden und schon gar nicht als solche gemeint sind. Es kann beispielsweise vorkommen, dass Menschen ohne Absicht ihre Partner emotional erpressen, indem sie bestimmte Verhaltensmuster wiederholen, die sie als normal erachten. Dabei ist es jedoch wichtig zu erkennen, dass selbst unbewusste emotionale Erpressung eine Beziehung belasten kann. So kann unter anderem das ständige Bedürfnis, immer das letzte Wort haben zu müssen, eine gesunde Verbindung zunehmend vergiften, da es in den meisten Fällen dazu führen wird, dass sich eine Person gezwungen fühlt, zuzustimmen, um Konflikte zu vermeiden und die Beziehung aufrechtzuerhalten. Eine weitere Form von unbewusster emotionaler Erpressung ist die Verwendung von Passiv-Aggressivität, bei der ein Partner indirekt seine Unzufriedenheit ausdrückt, anstatt das Problem in einem konstruktiven Gespräch offen anzusprechen.

Wir haben zu Beginn des Buches bereits erörtert, dass in einer gesunden Beziehung ein Partner dem anderen etwa sagen könnte „Ohne dich ist mein Leben nicht mehr lebenswert." und dies keinesfalls einen erpresserischen Hintergrund haben muss. Der Unterschied zwischen harmlosen Aussagen oder Handlungen und aktiver emotionaler Erpressung ist ein dabei ganz einfacher: das Ziel. Ein emotionaler Erpresser verfolgt immer eine Absicht. Er will seine Wünsche und Bedürfnisse durchsetzen und ist dafür bereit, dich zu unterdrücken. Somit müssen alle Aktionen und alles Gesagte auch immer im größeren Zusammenhang betrachtet werden. Dennoch lohnt es sich, auch das eigene Verhalten in der Beziehung immer wieder zu überprüfen. Denn jeder von uns hat zumindest einmal unbewusste emotionale Erpressung genutzt, um den eigenen Willen durchzusetzen.

Eine der häufigsten erpresserischen Taktiken, die sich viele Menschen in Beziehungen zu eigen machen, ist Schweigen: Man ignoriert den Partner, wenn dieser nicht das tut, was man will. Oft tritt dies nach einem Streit ein, wenn einer den anderen dazu zwingen will, den ersten Schritt zu machen und sich beispielsweise zu entschuldigen – und nimmt in Kauf, dafür stunden- oder tagelang kein Wort miteinander zu wechseln, ohne sich im Klaren darüber zu sein, dass es sich hierbei um stille Erpressung handelt.

Auch das Vermeiden von Konflikten und die Zurückhaltung von negativen Emotionen können eine Form der unbewussten emotionalen Erpressung sein. Wenn ein Partner seine wahren Gefühle nicht äußert, um den Frieden zu bewahren oder eine Konfrontation zu umgehen, kann dies zu einem Ungleichgewicht in der Beziehung führen und der andere Partner kann sich dadurch emotional erpresst fühlen.

Ein weiteres Beispiel sind Schuldgefühle, die der Partner unbewusst vermittelt, und dadurch den anderen unter Druck setzt. Zum Beispiel kann er sagen: „Ich werde nie beruflich erfolgreich sein können, wenn ich mich weiterhin zusätzlich um alle anderen privaten Verpflichtungen kümmern muss, weil du zu viel Zeit für dich Anspruch nimmst." Die folgenden Arten der emotionalen Erpressung werden häufig unbewusst eingesetzt:

Schweigen oder stilles Verhalten als Strafe

Zeigt dein Partner dir die kalte Schulter oder weigert sich, mit dir zu sprechen, um dich für ein Verhalten zu bestrafen oder dich zu einer Handlung zu zwingen, ist das bereits eine Form der emotionalen Erpressung.

Ultimaten und Bedrohungen

Hast du selbst einem Partner einmal mit Beendigung der Beziehung gedroht oder andere Arten von Ultimaten gesetzt, um ihn dazu zu bringen, das zu tun, was du willst? Auch das ist emotionaler Druck.

Schuldgefühle auslösen

Emotionale Erpressung ist es auch, wenn dein Partner dir Vorwürfe macht oder dir ein schlechtes Gewissen einredet, um dich dazu zu bringen, etwas zu tun oder zu unterlassen.

Übermäßige Kontrolle

Auch das Verbot, bestimmte Dinge zu tun, oder der Versuch, die Entscheidungen des anderen zu kontrollieren, ist eine Form der emotionalen Erpressung.

Natürlich sind viele dieser Verhaltensweisen nicht unbedingt absichtlich, sondern ergeben sich oft aus Angst oder Unsicherheit. Es ist jedoch wichtig, diese Verhaltensweisen zu erkennen und anzusprechen, um eine gesunde und glückliche Beziehung aufzubauen oder aufrechtzuerhalten.

Eine Möglichkeit, unbewusste emotionale Erpressung aus der Welt zu schaffen ist, eine offene und ehrliche Kommunikation zu fördern. Versuche, deine eigenen Bedürfnisse zu kommunizieren, aber auch zu verstehen, was dein Partner braucht. Eine offene Kommunikation kann dazu beitragen, Missverständnisse und Frustrationen zu vermeiden und die Beziehung auf eine gesunde Basis zu stellen, in der beide Partner ihre Bedürfnisse und Wünsche frei äußern können, ohne einander zu manipulieren oder unter Druck zu setzen. Hierauf werden wir im letzten Teil des Buches näher eingehen.

Im ersten Teil haben wir uns mit toxischen Beziehungen und deren Entstehung beschäftigt. Du hast gelernt, welche Merkmale und Anzeichen auf eine toxische Partnerschaft hinweisen und welche Faktoren zur Entstehung beitragen können. Auch hast du dich mit emotionaler Erpressung und deren Stadien und den Verhaltensmustern der unterschiedlichen Erpressertypen auseinandergesetzt. Du hast ihre Sprache gelernt und weißt, wie auch unbewusste emotionale Erpressung eine Beziehung vergiften kann. Die ersten drei Kapitel werden dir jetzt helfen zu erkennen, wie sich meine toxische Beziehung manifestieren konnte, welche Warnzeichen ich übersehen habe, und vielleicht wirst du auch Parallelen zu deiner eigenen Geschichte ziehen können.

Abschnitt II

Mein Weg aus der toxischen Ehe

4

Auf der Couch

Das Fenster stand offen und der Märzwind ließ mich frösteln. Eine Plastikscheibe, die ein Überbleibsel der Coronaschutzmaßnahmen gewesen sein muss, trennte die Psychiaterin hinter ihrem Schreibtisch von mir. Zwei Welten, dachte ich. Die einzige Verbindung war eine große Schachtel Taschentücher, die es wagte, an der Seite des Schreibtisches die gezogene Grenze zwischen uns zu überschreiten. Die Ärztin musterte mich. Dann tippte sie etwas in ihren Computer.

Ich fühlte mich elend. Seit Monaten quälte mich ein hartnäckiger Husten ohne erklärbare Ursache, ich kämpfte mit Schlafstörungen und Albträumen und mein eigenes Spiegelbild konnte ich schon längst nicht mehr leiden. Ich war schwach und ausgemergelt. Und so sah ich auch aus. Vermutlich hatte die Psychiaterin genau das in meine Akte getippt. Zusätzlich zu den dunklen Augenringen und der fahlen Haut, hatte ich Untergewicht und sah infolgedessen rund zehn Jahre älter aus, als meine 41 Jahre. Die tiefen Furchen, die sich in den vergangenen Jahren in meine Stirn gegraben hatten, störten mich und ich dachte daran, dass ich es bisher nur Lachfalten waren, die mein Gesicht um die Augen zierten. Wann hatte ich eigentlich das letzte Mal gelacht?

Meine Stirnfalten zeugten schließlich ganz sicher nicht von Fröhlichkeit. Mir ging viel durch den Kopf, aber ich brachte nichts über die Lippen. Die Ärztin unterbrach meine Gedanken: „Wie kann ich Ihnen helfen?" Sie wartete. Ich zuckte mit den Schultern. Eine Antwort hatte ich nicht. Ich hatte nichtmal eine Ahnung, wo ich anfangen sollte. Als ich den Mund aufmachte, um genau das zu sagen, schossen mir unvermittelt die Tränen in die Augen und erstickten meine Worte. Die Psychiaterin reichte mir aus der Grenzgänger-Schachtel ein Taschentuch und ich begann schluchzend mit meiner Geschichte: Die Scheidung war noch nicht eingereicht, das Trennungsjahr gerade ein paar Monate alt. Ich war froh, meinen Mann verlassen zu haben. Aber die 15 Jahre Beziehung hingen an mir – und zogen mich immer wieder gedanklich in den Abgrund. Böse Erinnerungen und Schuldgefühle verfolgten und verunsicherten mich. Ich wollte die Vergangenheit also nicht nur mit einem Gerichtsurteil abschließen, sondern meine Selbstachtung wiedererlangen und Frieden finden. Loslassen. Ballast abwerfen. Ich wollte frei sein. „Frei zu oder frei von?", fragte meine Ärztin. Ich wollte beides! Dass es fast zwei Jahre dauern würde, alte Verhaltens- und Gedankenmuster abzulegen und mein Selbstbewusstsein wieder aufzubauen, konnte ich zu diesem Zeitpunkt natürlich nicht ahnen. Zu tief saßen die Traumata. Jackson, mein Ex-Mann, hatte mich in unserer Beziehung und später in unserer Ehe manipuliert und emotional erpresst. Er hatte behauptet, mich zu lieben, aber in Wirklichkeit nur seine eigenen Interessen verfolgt und mich wie einen Gegenstand betrachtet. Er hatte mich ausgenutzt. Und er hatte mich vergessen lassen, wer ich eigentlich war: Eine fröhliche Frau, die das Leben und sich selbst liebte. Jetzt war das Leben scheiße, ich hatte Sorgen- anstelle von Lachfalten und ich saß mit roten Augen in einer psychiatrischen Praxis und weinte in ein zerknülltes Taschentuch. Meine Ärztin wartete, bis mein Schluchzen etwas abebbte und sagte tröstlich: „Erzählen Sie doch einmal der Reihe nach."

5

Am Ende der Welt

Ich war gerade Mitte 20, als ich Jackson kennenlernte. Er war Brite, sieben Jahre älter als ich und wir begegneten uns am anderen Ende der Welt: in Neuseeland. Was für Jackson aber nur ein Urlaub war, bedeutete für mich so viel mehr. Ich war ausgebrochen aus meinem Leben in Berlin und nach Neuseeland geflüchtet. Mein Wirtschaftsstudium war nur eine Vernunftsentscheidung gewesen und der stolze Eifer meiner Kommilitonen, so schnell wie möglich nach der Uni mit ihren durchgeplanten Leben zu beginnen, stieß mich ab. Mein Nebenjob als Promi-Reporterin in Berlin war zwar deutlich schillernder, aber die langen Partynächte hatten mich ausgehöhlt und die Glamour-Junkies der Szene hatte ich längst durchschaut. Diese geballte Arroganz und omnipräsente Affektiertheit hatten mich auf den Inselstaat im Pazifik getrieben. Ich wollte anders leben. Einfach. Ehrlich. Echt. In Neuseeland wollte ich mir genau dieses Leben aufbauen, einen Job auf einer Farm finden und frei sein. Ich hatte ein paar entfernte Verwandte auf der Südinsel und genügend verklärte Hoffnung, um mein Ziel zu erreichen, dachte ich. Aber zwei Monate später lebte ich noch immer aus dem Koffer, schlug mich mit Gelegenheitsjobs im Tausch für Essen und Unterkunft durch und hatte keine Ahnung, wie es weitergehen sollte. Das Leben hatte mir eine großzügige Prise Realität in meinen Neuanfang gestreut und ich wurde das Gefühl nicht los, ohne Hilfe den richtigen Weg nicht mehr finden zu können.

Jackson wohnte in dem kleinen Hostel in Auckland, in dem ich tagsüber putzte, Gäste ein- und auscheckte und aufpasste, dass kein Rucksacktourist die Küche abfackelte oder sich mit Schnitzereien auf der alten Holzveranda verewigte. Er war überzogen höflich und charmant – und bereit, mir zu helfen. Auf den ersten Blick gefiel er mir zwar nicht, aber er steckte voller Überraschungen: Er wusste, welche Anträge bei welchen Behörden zu stellen waren, um sich ein Leben in Neuseeland aufbauen zu können und er kannte die richtigen Leute. Jackson war das absolute Gegenteil von mir: ruhig, strukturiert, organisiert und rational. Er hatte einen gut bezahlten Job in London und Freunde und Bekannte auf der ganzen Welt. Er reiste regelmäßig nach Neuseeland, Australien, Kanada und durch Europa. Für mich sah es aus, als hätte er sein Leben voll im Griff. Das beeindruckte mich. Im Vergleich dazu, kam mir mein Dasein in Neuseeland vor wie kindliches Chaos. Ich lebte von der Hand in den Mund. Zwar wollte ich keine Karriere machen, aber in diesem Zustand der Unklarheit die Kontrolle verlieren, wollte ich auch nicht. Ich befand mich in einer Umbruchphase, war unsicher – und suchte nach Stabilität. Wissen, dass es genau das war, was Jackson überhaupt erst auf den Plan gerufen hatte, konnte ich damals aber natürlich nicht.

Als er zwei Wochen nach unserer ersten Begegnung wieder abreiste, blieben wir in Kontakt und ich klammerte mich an ihn, wie eine Ertrinkende an einen Strohhalm. Wir telefonierten regelmäßig miteinander und Jackson versuchte mich zu überreden, zu ihm nach London zu ziehen. Dort könne er für mich sorgen und ich würde viel leichter einen Job finden als in Neuseeland, versprach er mir fast täglich – bis ich schließlich nachgab. Ich ertrug die Unsicherheiten und Ungewissheiten meines Lebens längst nicht mehr. Nur zwei Monate nach seiner Abreise begrub ich meinen Traum vom neuen Leben am anderen Ende der Welt und folgte Jackson nach London. Als mein Flieger aber in Christchurch abhob, lief mir das Herz über. Auf der Südinsel regnete es in Strömen und im Flugzeug weinte ich bitterlich mit. Ich verstand mich selbst nicht mehr. Eigentlich freute ich mich auf das nächste Abenteuer, einen Neuanfang in London. Es konnte doch nur besser werden.

6

Ein neues Leben in London

Meine Familie war gegen den Umzug nach London. Schließlich kannten sie Jackson nicht und zugegebenermaßen kannte ich ihn auch nicht besonders gut. Darüberhinaus kannte ich auch sonst niemanden im gesamten Vereinigten Königreich, hatte keine Aussicht auf einen Job und war also in vielerlei Hinsicht abhängig von Jackson. Meine Eltern sorgten sich und warnten mich davor, einen Fehler zu begehen. Bei mir überwog aber das gute Gefühl, mir nicht eingestehen zu müssen, dass ich es in Neuseeland nicht geschafft hatte, auf eigenen Beinen zu stehen. In London, so dachte ich, könnte ich noch einmal neu anfangen und so über mein Scheitern hinwegtäuschen. Auf keinen Fall war ich bereit als Verliererin zurück nach Deutschland zu kehren.

Rückblickend betrachtet ist es absurd, dass ich deshalb mit beinahe blindem Vertrauen Hals über Kopf zu einem fast völlig Fremden in ein anderes Land gezogen bin. An den meisten Tagen kann ich diese und andere Entscheidungen, die ich damals getroffen habe, auch sehr nüchtern und abgeklärt betrachten. Ich habe so entschieden, weil ich zu diesem Zeitpunkt glaubte, es sei das Richtige. Das macht es erträglicher. Manchmal aber schäme ich mich noch immer für meine damalige Naivität. Gern würde ich sagen, dass mir dadurch zum Glück nichts

Schlimmes geschehen ist. Leider lassen sich die Ereignisse, die meinem Entschluss zu Jackson zu ziehen, folgten, aber nicht herunterspielen – auch wenn mir natürlich nicht die Art von Unglück zugestoßen ist, die es auf die Titelseiten der Tageszeitungen schafft.

Jackson zog nur eine Woche vor mir in unsere gemeinsame Wohnung im Süden Londons. Ich fand nichts Verdächtigeres daran. Immerhin erklärte er mir, dass er mir sein altes, kleines Apartment einfach nicht zumuten wollte. Seine Begründung wirkte aufrichtig. Vor allem aber wirkte Jackson aufmerksam. Er gab mir das Gefühl, als wäre meine Meinung wichtig. Als wäre ich wichtig. Das gefiel mir.

Die Wohnung hatte zwei Zimmer, Bad und Küche und war kleiner als meine alte Wohnung in Berlin, aber gemütlich. Sie lag im Erdgeschoss eines viktorianischen Hauses mit schiefen Wänden, zugigen Fenstern und niedrigen Türen.

Der Vermieter hatte einen Großteil seiner Möbel zurückgelassen, die noch nahezu neu waren. Von Jackson gesellten sich nur ein Doppelbett, ein Couchtisch, seine persönlichen Sachen und ein paar Zimmerpflanzen von seiner Ex-Freundin dazu, die mit handgeschriebenen, bereits vergilbten Namensschildern versehen waren. Ich ignorierte die albernen Überbleibsel seiner Vergangenheit und fand es angebrachter, meine Dankbarkeit zu zeigen, indem ich mich nützlich machte. Immerhin sorgte er für mich. Morgens bereitete ich das Frühstück vor, verabschiedete Jackson zur Arbeit, ging einkaufen und kochte das Abendessen. An den Wochenenden zeigte Jackson mir meine neue Heimat. Wir stürzten uns entweder auf einem der vielen Londoner Märkte ins Gedränge, hingen in schmuddeligen Hinterhöfen ab oder ließen uns von den Menschenmassen die berühmten Einkaufsstraßen entlangschubsen. Die Stadt erdrückte mich. Sie war mir zu voll und nahezu immer in ein wolkenverhangenes Grau getaucht. Die Menschen waren freundlich, ohne es tatsächlich zu sein und wo in Berlin auf der Straße Bäume standen, fand man in London große gelbe Klapp-Schilder, die auf ein Verbrechen an dieser Stelle hinwiesen und mit denen die Polizei um Mithilfe von möglichen Zeugen bat.

Was mir an den Wochenenden aber zu laut und zu viel war, fehlte mir unter der Woche. Montags bis freitags war ich den ganzen Tag mit meinen Gedanken allein. Dann dachte ich oft an Neuseeland, die einsamen Strände und die dichten Farnwälder und fragte mich, ob ich zu früh abgereist war. In London vermisste ich etwas. Farbe? Freude? Freiheit? Vielleicht. So einfach und oberflächlich war es aber nicht. Das spürte ich. Denn dieses Gefühl war schwer zu greifen. Es saß tiefer als die bloße Sehnsucht nach dem, was ich in Neuseeland zurückgelassen hatte.

Ich wurde immer häufiger krank, ohne dass mir tatsächlich etwas fehlte und schon nach kurzer Zeit verkroch ich mich jeden Morgen, nachdem Jackson zur Arbeit gegangen war, auf dem Sofa unter einer Decke und schlief bis in den Nachmittag.

Die Abende mit Jackson retteten mich nicht. Im Gegenteil. Täglich ging er nach der Arbeit an dem kleinen Laden an der Straßenecke vorbei und kaufte sich einen Sechserpack Bier. An den Wochenenden leerte er zusätzlich mehrere Flaschen Wein. Zwar hatte ich kein Problem mit Alkohol und trank selbst auch Bier und Wein, aber diese Mengen in dieser Regelmäßigkeit erschienen mir zu viel. Meine Bitten, an manchen Tagen nichts zu trinken, arteten immer in brennende Grundsatzdiskussionen aus. Dann verteidigte Jackson seinen Alkoholkonsum so vehement, als hätte ich ihn gebeten, mit dem Atmen aufzuhören. Hatte er getrunken, konnte er sogar richtig unangenehm werden. Launisch und ungerecht. Zwar entschuldigte er sich immer am nächsten Morgen für sein Verhalten, aber dann ging alles wieder von vorn los: Ich machte Frühstück, Jackson ging, ich schlief auf dem Sofa, machte Abendessen, Jackson trank und wir stritten. Waren wir abends in der Stadt unterwegs oder auf einer Dinnerparty eingeladen, benahm sich Jackson immer vorbildlich. Wie der letzte Gentleman. Allerdings nur seinen Freundinnen gegenüber. Ihnen laß er jeden Wunsch von den Augen ab. Mich ignorierte er dagegen. Für sie bestellte er unaufgefordert Getränke nach, während ich auf dem Trockenen saß. Ihnen hörte er aufmerksam zu. Mich schloss er aus den Unterhaltungen aus. Mit ihnen teilte er sein Essen, wollte aber weder von meinem Gericht probieren, noch ließ er mich von seinem Teller kosten. Sprach ich ihn später darauf an und erklärte ihm, wie sehr ich mich herabgewürdigt fühlte und mir sehnlichst wünschte, dass er mich beachtete, gab es wieder Streit. Er warf mir vor kindisch und unerfahren zu sein, ich reagierte verletzt und nannte ihn einen Trinker. Wir fanden einfach nicht zusammen. Es war zum Verzweifeln. Aus Frust begann ich seine geliebten Zimmerpflanzen mit Spülmittel und WC-Reiniger zu gießen, als könnte ich damit für Gerechtigkeit sorgen. Sie gingen ein. Der Streit blieb und mit ihm das ungute Gefühl.

Ich kann nicht mehr zählen, wie oft ich heimlich meine Taschen packte, um zu gehen, bevor mich jedes Mal dann doch wieder der Mut verließ. In London kannte ich niemanden, zu dem ich hätte gehen können. Einen Flug zurück nach Neuseeland konnte ich mir nicht leisten. Und Berlin war auch keine Option. Schließlich hatte ich mich gegen den Rat meiner Familie entschieden, zu Jackson zu ziehen. Würde ich zurückkehren, wäre das einem Eingeständnis meiner Unfähigkeit gleichgekommen und meine Familie hätte recht behalten. Ein weiteres Mal versagen, wollte ich nicht. Und in mir arbeiteten auch bereits erste Selbstzweifel: Hatte

Jackson recht? War ich tatsächlich kindisch und unerfahren? Jackson war schließlich älter und viel erwachsener als ich. Möglicherweise lag es wirklich an mir und meinen naiven Vorstellungen von einer Beziehung, die einfach so realitätsfern waren, dass Jackson sie gar nicht erfüllen konnte. Ich machte weiter. Und ich gab mir mehr Mühe. Anstatt mich zu verkriechen, versuchte ich nun die perfekte Hausfrau und Freundin zu sein. Ich tischte Jackson morgens ein opulentes Frühstück auf, hielt die Wohnung klinisch rein und servierte abends die ausgefallensten Gerichte. Mir kam kein negatives Wort mehr zu seinen Freundinnen über die Lippen und ich bejubelte mein neues Leben in London in den höchsten Tönen, bis ich mir selbst Glauben schenkte. Ich wollte diese Beziehung zum Laufen bringen und es mir, aber vor allem allen anderen, beweisen.

7

Familiengeheimnisse

Ich weiß nicht, ob es Heim- oder Fernweh war, aber die Sehnsucht nach einem anderen Ort in mir wuchs proportional zu der Zeit, die ich in London verbrachte und nur wenige Monate, nachdem ich bei Jackson eingezogen war, geschah etwas, dass in Neuseeland nicht passiert ist und meiner Meinung nach dort auch nie geschehen wäre: Mir fehlte Berlin.

Ich bereitete eine flammende Rede vor, die Jackson von einem Besuch in Berlin überzeugen sollte und war überrascht, als er mir zuvor kam. Als sei es selbstverständlich, erklärte er, dass er mit mir in die alte Heimat fliegen würde, sooft ich wollte und das erste Mal seit Monaten war ich wieder glücklich.

Dem ersten Berlin-Urlaub folgten regelmäßige lange Wochenenden oder Kurz-Trips und die vertraute Umgebung mit den bekannten Gesichter tat mir gut. Selbst Jackson schien jedes Mal deutlich entspannter als gewöhnlich. In Berlin war die Stimmung zwischen uns stets sogar so gelöst, dass nichts mehr von der grauen, fast schon erdrückenden Londoner Realität zu spüren war. Im Frühling atmete ich in Berlin wieder auf und der Sommer an der Spree heilte meine Seele. Ich erholte mich im Hauptstadt-Herbst und selbst im beißenden Berliner Winter sammelte ich neue Kräfte. Nach nur wenigen Tagen in der alten Heimat fühlte ich mich jedes Mal selbstbewusster und stärker. Dass immer kurz vor der Abreise zu Hause in London noch die Fetzen flogen, nahm ich deshalb nicht nur in Kauf – ich blendete es aus. Jackson und ich bekamen uns regelmäßig schon beim Kofferpacken in die Haare. Während ich meine Sachen auch noch in der Schlange vor dem Schalter zu Ende packen konnte und kein Problem darin sah, als letzte das Flugzeug zu besteigen, bereitete sich Jackson auf jeden Trip vor, wie ein Kardiologe auf eine Operation am offenen Herzen. Schon Tage vorher packte er seine Sachen und präparierte die Wohnung für einen dreitägigen Kurzurlaub, als würde er ausziehen und die finale Abnahme stünde bevor. Er stellte das Wasser ab, zog alle elektrischen Geräte aus dem Stecker, ließ die Post umleiten und riegelte bei der Abfahrt das Apartment hermetisch ab. Am Flughafen fand der Stress dann seinen Höhepunkt. Jackson bestand darauf, drei Stunden vor Abflug dort zu sein. Drei Stunden, in denen er das reinste Nervenbündel war. Es verwunderte mich regelmäßig, dass wir es überhaupt durch die Sicherheitskontrolle schafften, weil Jackson es nicht einmal ertrug, wenn jemand seine Gepäckstücke anrührte. Sofort hatte er Sorge, dass etwas beschmutzt werden oder kaputtgehen könnte und reagierte dementsprechend nervös, um nicht zu sagen: hochgradig verdächtig. Manchmal wurde es sogar richtig unangenehm: Wenn Jackson Flughafenpersonal direkt anwies, doch gefälligst vorsichtig mit den Taschen zu sein, wünschte ich mir jedes Mal ein großes Loch im Boden, in dem ich versinken konnte. Ich verstand den ganzen Wirbel ohnehin nicht. Warum hatte er Tage zuvor schon so akribisch und vorausschauend gepackt, dass man seine Reisetasche auch mit Fußtritten übers Rollfeld zum Flugzeug hätte befördern können, ohne dass es eine Auswirkung auf den Inhalt gehabt hätte, wenn er sie dann doch nicht aus der Hand geben wollte? Ich hielt sein Verhalten zwar für überzogen und schämte mich für ihn, aber einen Zusammenhang mit inneren Zwängen oder ernsthaften Problemen mit Kontrollverlust sah ich nicht. Für mich ergab Jackson ein in sich geschlossenes Bild. Dieser Flughafen-Fimmel passte es einfach zu seinem Ordnungswahn und anderen Besonderheiten, wie seinen stets makellosen schneeweißen Turnschuhen und seiner Unfähigkeit im Supermarkt das erste Produkt der Reihe im Regal kaufen zu können.

Als ich Jacksons Eltern näher kennenlernte, verstand ich etwas besser, woher sein Verhalten rührte. Oberflächlich betrachtet waren sie ein nettes Rentnerpaar, das ein gewöhnliches Leben auf dem Land, etwa eine Stunde von London entfernt führte. Kleines Dorf, Haus, Garten. Bei näherer Betrachtung fielen einem aber schnell die unzähligen verschrobenen Besonderheiten der beiden auf, die es einem schwer machten, sich in ihrer Welt zurechtzufinden. Jeder Besuch bei ihnen glich einer Zeitreise in die Vergangenheit – ließ mich aber gleichzeitig einen Blick auf Jacksons Zukunft erhaschen, auch wenn es mir zu diesem Zeitpunkt noch nicht klar war. Jacksons Vater zum Beispiel litt unter einer Art Verfolgungswahn. Ständig dachte er, dass Leute über ihn sprachen, die sich in Wahrheit sicher nicht für ihn interessierten. Er traute niemandem. Jeder war angeblich darauf aus, ihn übers Ohr zu hauen, aber er betonte regelmäßig siegessicher, dass er nicht nur klüger als alle anderen sei, sondern auch jeden austricksen könne. Jacksons Mutter dagegen war von anderen Sorgen getrieben. Sie malte bei jeder Gelegenheit den Teufel an die Wand. So weigerte sie sich zum Beispiel mit dem Auto zu fahren, wenn es bedeutete, dass sie die Autobahn benutzen musste, da dies ihrer Meinung nach einem Todesurteil gleichkam. Aus Angst vor Keimen und Infektionen durfte auch kein Mülleimer in ihrer Küche stehen. Stattdessen sammelte sie Essensreste und sonstige Abfälle in einer offenen Plastiktüte, die mit einem Griff an der Küchentür-Klinke hing, stank und Bakterien ein Festmahl bot. Sie davon zu überzeugen, dass ein geschlossener Mülleimer wesentlich hygienischer wäre, war schlicht nicht möglich und Jackson verbot es mir, mit ihr darüber zu diskutieren.

Dass es im Haus seiner Eltern keinen Computer gab, fand ich angesichts ihres Alters und der zu erwartenden Nutzungswahrscheinlichkeit nicht weiter verwunderlich. Die Begründung, warum sie sich dagegen entschieden hatten, allerdings schon. Angeblich würden einem die Haare ausfallen, wenn man den schädlichen Strahlungen des Bildschirms zu lange ausgesetzt wäre. Ich war sprachlos – und Jackson schwieg. Ähnliche Vorurteile hatten sie auch gegenüber Mikrowellen und selbst die Waschmaschine war noch neu und zumindest Jacksons Mutter nicht ganz geheuer: Bis in die 2000er hatte sie die Wäsche deshalb noch mit der Hand gewaschen.

Jacksons Eltern wehrten sich nicht nur gegen Fortschritt. Sie weigerten sich auch, kaputte Dinge zu reparieren oder zu erneuern. Ich erinnere mich noch daran, wie seine Mutter zum Lesen der Nachrichten auf ihrem Mobiltelefon eine Taschenlampe benötigte, weil die Bildschirm-Hintergrundbeleuchtung bereits defekt war. Ein neues Telefon lehnte sie aber ab. Sie würde Dinge im Allgemeinen erst „aufbrauchen" erklärte sie mir, was ich für mich damit übersetze, dass sie alles behielt, bis es komplett auseinander fiel, unabhängig davon, welche Unannehmlichkeiten oder Einschränkungen es mit sich brächte, weil sie Angst vor Neuem hatte. Allein die Tatsache, dass Jacksons Eltern zwei komplett ausgestattete Küchen im Haus hatten, von denen sie eine „aufbrauchten" und eine „aufhoben", war mir befremdlich. Die neue

Küche zum Aufheben war das Herzstück des Hauses. Sie war groß, hell und man konnte sie vom Flur, dem Esszimmer, der Einliegerwohnung und dem Garten betreten. In dieser Küche durfte aber keinesfalls gekocht werden. Der Herd und Ofen waren daher unbenutzt und trotzdem bereits in die Jahre gekommen. Die Sonne hatte auch die ehemals neuen Küchenfronten verblassen lassen und in der Spüle suchte man vergeblich nach Kalk- oder anderen Gebrauchsspuren. In den Schränken konnte man zwar Geschirr und Vorräte finden, gekocht und abgewaschen wurde aber in der Einliegerwohnung – in einer kleinen Küche, die es eben noch aufzubrauchen galt. Dort gab es keine Heizung und der klapprige Elektroherd wurde bei Benutzung zwar glühend heiß, verwandelte aber auch jegliches Gargut in Minuten in Asche und war so alt, dass er definitiv ein Sicherheitsrisiko darstellte. Die Küchenschränke fielen fast auseinander, die Beschichtung der Arbeitsplatte platzte ab und der gesamte Raum war so eng, dass sich nur eine Person darin bewegen konnte. Im Sommer schwitzte Jacksons Mutter dort regelmäßig, um das Essen abends pünktlich auf den Tisch zu bringen, wie es ihr Mann verlangte und setzte sich dann jedes Mal mit hochroten glühenden Wangen zu uns an den Tisch. Im Winter fror sie beim Kochen dagegen so sehr, dass ihre Hände immer vor Kälte steif wurden und sie ihre Finger vor dem Essen erst aufwärmen musste, um das Besteck richtig greifen zu können. Als Jacksons Eltern eines Tages die große Küche erneuern lassen mussten, weil Ofen und Herd nicht mehr funktionierten, der Kühlschrank schwächelte und alles in allem nicht mehr schön anzusehen war, keimte in mir die Hoffnung, dass wir vielleicht beim nächsten Besuch dort kochen würden und das Essen nicht mehr hektisch von der Einliegerwohnung durchs ganze Haus ins Esszimmer tragen müssten. Allerdings weigerte sich seine Mutter weiterhin in der nun ganz neuen

Küche zu kochen und zu backen. Diesmal allerdings mit einer anderen Begründung: Wenn sie das Haus irgendwann einmal verkauften, würde ihnen die unbenutzte Küche einen besseren Verkaufspreis bescheren. Was sollte man dazu noch sagen? Die Küche ist mittlerweile über zehn Jahre alt. Und meines Wissens leben sie noch immer in demselben Haus.

Das Schlimmste an alledem war allerdings, dass Jackson Absurditäten wie diese nie hinterfragte und nur volles Verständnis für seine Mutter hatte. Generell war das Verhältnis zwischen ihnen geprägt von gegenseitigem, überschwänglichem und grundlosem Lob und gleichzeitig von übertriebener Sorge. Auf der einen Seite bestätigten sie einander regelmäßig für alltägliche Dinge, als wären es bahnbrechende Errungenschaften, von denen das Fortbestehen der Menschheit abhinge. Andererseits wurden kleinste Erkrankungen oft zu tödlichen Diagnosen und selbst die geringste Veränderung in Stimmlage oder Aussehen des einen, führte umgehend zu irrationaler Besorgnis des anderen. Immer häufiger bekam ich den Eindruck, als hoffte Jacksons Mutter, dass ihr verlorener Sohn eines Tages wieder zu ihr ziehen würde – und Jackson ebenfalls insgeheim in ihre Obhut zurückkehren wollte. Als wir Jahre später nach Deutschland zogen, gaben wir Jacksons Mutter unter anderem unsere angebrochenen Putzmittel und Pflegeprodukte, die wir nicht mitnehmen konnten und wollten. Komischerweise weigerte sie sich, diese aufzubrauchen und hob sie stattdessen auf, bis Jackson vielleicht eines Tages zurückkäme und sie wieder benötigte, sagte sie damals. Mir fehlten erneut die Worte und Jackson schwieg abermals, als wäre es das Normalste auf der Welt.

Das Verhältnis zwischen ihm und seinem Vater war dafür umso angespannter.

Zusammen wirkten sie immer ein wenig so, als wären sie einander peinlich. Insbesondere in der Öffentlichkeit gerieten sie häufig aneinander. Mal war es nur die Art und Weise, wie sein Vater in einem Pub ein Getränk bestellte und dazu Small Talk mit der Person hinter dem Tresen führte, die Jackson auf die Palme brachte. Dann waren es Jacksons strahlend-weiße Turnschuhe, die sein Vater zum Anlass nahm, sich über das Äußere seines Sohnes lustig zu machen. Eskalierten die Auseinandersetzungen, endeten sie meist damit, dass Jackson seinem Vater vorwarf, er hätte ihn und seine Schwester mit Prügel erziehen wollen, obwohl dies nie tatsächlich geschehen ist. Sein Vater konterte dann, dass durch rauere Erziehungsmethoden aus Jackson vielleicht ein anständiger Mann geworden wäre und lediglich seine Frau ihn davon abgehalten hatte, dies durchzusetzen. Jacksons Mutter wiederum bestritt die Geschichte jedes Mal, sodass die Diskussion auf Eis gelegt wurde, nur um beim nächsten Streit um Jacksons angebliche Geldverschwendung oder die vermeintlich übertriebene Sparsamkeit seines Vaters wieder aufgewärmt zu werden. Zwischendurch fanden sie oft unter skurrilsten Umständen wieder zueinander. Eines Tages schlug Jacksons Vater vor, einen Ersatzschlüssel für das Haus im Garten zu vergraben. Er sollte seinem Sohn für Notfälle dienen. Allein die Idee war bereits so absurd, dass ich nicht an die Umsetzung dieses Vorhabens glaubte, aber Jackson fuhr bereitwillig zu seinen Eltern, er und sein Vater vergruben gemeinsam nachts im Mondlicht den Schlüssel und niemals wieder verlor jemand ein Wort darüber. Darauf, Jackson einfach einen Schlüssel auszuhändigen oder eine Kopie beim Notar zu hinterlegen, kam offenbar niemand. Ein weiteres Mal verschlug es mir die Sprache und ich war erleichtert, als wir nach zwei Jahren zurück nach Deutschland zogen.

Oder anders gesagt: Ähnlich wie meine Sehnsucht nach Berlin in London, wuchs auch die Liebe zu meinen zukünftigen Schwiegereltern mit der Zeit und jedem Kilometer der Entfernung.

8

Zurück nach Hause

Die Einraumwohnung in Berlin-Wedding war winzig, aber mir kam sie vor wie ein Palast. Sie lag im vierten Stock eines riesigen Wohnblocks, hatte eine neue kleine Küche und der Balkon offenbarte geradeaus einen freien Blick auf einen weitläufigen Volkspark. Links und rechts versperrten weitere Wohnanlagen die Sicht und die Einflugschneise des Flughafens verlief genau über der Siedlung, aber man konnte Himmel sehen und die Gegend war auch nicht schmutziger oder schäbiger als die meisten Bezirke in London. Wäre Berlin ein Typ gewesen, hätte er rote Haare, schiefe Zähne und Sommersprossen gehabt. Er hätte geschielt und wäre objektiv betrachtet nicht perfekt gewesen, aber immer, wenn ich dort auf dem winzigen Balkon im vierten Stock stand, tief in seine himmelblauen Augen schaute und der warme Sommerwind sanft durch Bäume des Stadtparks strich, war ich bis über beide Ohren verknallt.

London weinte ich keine Träne nach.

Für den Neuanfang in Berlin hatte Jackson seinen Job aufgegeben. Glücklicherweise hatte ich bereits wenige Wochen nach unserem Umzug eine Stelle als Autorin gefunden und wir lebten von meinem kleinen Gehalt. Es reichte vorn und hinten nicht, aber mich trieb mein Gewissen an, mich für die Zeit in London revanchieren zu müssen, in der nur Jackson die Brötchen verdient hatte. Keinesfalls wollte ich ihn drängen, sich ebenfalls Arbeit zu suchen, zumal ich hoffte, dass er sich genauso in Berlin verliebte wie ich und wir bleiben konnten. Während ich arbeitete, machte Jackson die Stadt unsicher. Ich gönnte ihm die Auszeit. Außerdem war ich mir sicher, dass er auch schnell einen Job finden würde, wenn es so weit wär. Schließlich war Berlin voller Briten und Amerikaner und selbst ich arbeitete bei einem englischsprachigen Magazin. Für einen Muttersprachler wie Jackson gab es also genügend Möglichkeiten, dachte ich, und malte mir aus, wie wir Berlin zu unserem Zuhause machten.

Wir hatten kaum Geld für die Wohnungseinrichtung und aus Kostengründen nichts aus England mitgenommen, aber uns kam zugute, dass ich meinen gesamten Hausstand eingelagert hatte, bevor ich nach Neuseeland geflogen war. Ich freute mich darauf, alles wieder auszupacken, aber Jackson dämpfte meinen Enthusiasmus sofort. Ihm gefielen meine Sachen nicht. Sie waren zu bunt, zu verspielt und zu wenig erwachsen. Ich war enttäuscht, aber gab ihm recht. Mein buntes Geschirr machte also Platz für ein schlichtes weißes Set und meine fröhlich-farbigen Wassergläser wurden durch normale ersetzt. Meine knalligen Kissen, die gemusterte Bettwäsche und selbst meine Lichterketten, die bisher ganzjährig meinen alten Wohnzimmerschrank erleuchtet hatten, kamen auf den Müll. Jackson bevorzugte gedecktere Töne, konnte sich bei Heimtextilien nur für creme, orange, grün oder braun begeistern und Lichterketten waren seiner Meinung nach Stromfresser und eine Brandgefahr, wenngleich er in London eine alte Lavalampe eingelagert hatte, für die er offenbar eine Ausnahme bezüglich Energieeffizienz und Wärmeentwicklung machte. Er entschied sogar, welche Teetassen gekauft wurden, weil er nach eigenen Angaben nur aus einer bestimmten Form trinken konnte. Mir fiel auf, dass er in seiner Meinung sehr festgelegt war und wenig bis keinen Widerspruch akzeptierte, aber ich fügte mich. Mit einer Mischung aus Verwunderung und Erstaunen begann ich zu verstehen, dass er eine Art Regelwerk für Kleidung, Möbel, Musik und Farben definierte. T-Shirts hatten beispielsweise immer blau, braun oder grau zu sein, Sofas mit bestimmten Rückenlehnen würden ihm nicht ins Haus kommen und einfach einmal einen Song aus einem anderen Genre als Rock zu hören, war für ihn undenkbar. Diese Absolutheit irritierte mich zwar, aber gleichzeitig wirkte Jackson auf mich unbeirrt und über jeden Zweifel erhaben. Er wusste, was er wollte, das war meine Interpretation – und ich wollte mir von seiner Gradlinigkeit eine Scheibe abschneiden. Wie viel ich zu diesem Zeitpunkt bereits von meiner Persönlichkeit abgelegt hatte oder dass meine Unabhängigkeit schleichend zusammen mit der Farbe und der Freude aus meinem Leben wich, war mir nicht bewusst.

Jackson förderte meine Verwandlung. Er gab mir das Gefühl, viel zu lange auf die Unterstützung meiner Eltern angewiesen gewesen zu sein und versprach, ab jetzt alles in die Hand zu nehmen. Er gab unserem Leben Struktur, wie er es nannte. Das hieß im Klartext, dass ich tagsüber das Geld verdiente, abends kochte und samstags die Wohnung putzte, während er unsere Aktivitäten für die Wochenenden plante und festlegte, wofür Geld ausgegeben wurde. Es war absolut ernüchternd. Ich bemerkte, wie wieder die Sehnsucht in mir aufstieg und dieses Mal gelang es mir nicht mehr, das Gefühl herunterzuschlucken. Es schmeckte nach der Freiheit, die ich in Neuseeland gekostet hatte und nach der Süße eines einfachen selbstbestimmten Lebens. Die Realität dagegen war so bitter wie der folgende Berliner Winter erbarmungslos.

Jackson hatte nach fast sechs Monaten immer noch keinen Versuch unternommen, sich einen Job zu suchen, während mein altes Leben dabei war, mich wieder einzuholen. Irgendwo auf dem Weg zur Arbeit in der Innenstadt bei klirrend kalten minus 15 Grad erwischte es mich dann und plötzlich war ich wieder dort, wo ich aufgehört hatte, als ich nach Neuseeland geflüchtet war.

Ich sprach mit niemandem darüber. Kompromisse gehörten zu jeder guten Beziehung dazu und für mich bedeutete das, Abstriche machen zu müssen. Ich wollte mir nicht eingestehen, dass ich mich vielleicht doch geirrt hatte und allen Zweiflern an meinen Entscheidungen damit recht geben. Ich wollte etwas beweisen. Ich wollte mich beweisen. Also bog ich mir die Realität zurecht, bis sie erträglicher wurde: Jackson hatte nur mein Bestes im Sinn, mir fehlte es tatsächlich an Struktur und mit seiner Hilfe würde ich erwachsen werden, sodass man mich und meine Entscheidungen endlich ernst nehmen würde.

Ich hielt aus. Ich hielt durch.

Der Winter ließ nach, aber Jackson ließ nicht locker. Wir benötigten mehr Geld und er drängte mich dazu, einen besser bezahlten Job zu finden. Für mich ergab sich eine gute Gelegenheit in Hamburg und Jackson versicherte mir, dass er dort bestimmt auch etwas finden würde, da die guten Jobs in Berlin alle bereits „weg" seien. Ich glaubte ihm und wir beschlossen, Berlin nach einem guten halben Jahr wieder zu verlassen.

Die Wohnungssuche in Hamburg brachte mich an meine Grenzen. Wir fanden einfach nichts, was uns beiden gefiel und stritten über Größen, Lagen und Ausstattungen. Jacksons Regelwerk machte es beinahe unmöglich, überhaupt eine Wohnung anzumieten. Er entschied, dass wir keinesfalls im Erdgeschoss wohnen konnten, weil es dort zu oft zu Einbrüchen käme. Laminatböden mochte er auch nicht, weil sie immer zu laut seien, sagte er – und ich hörte zum ersten Mal aus seinen Worten die überzogene Ängstlichkeit seiner Mutter heraus. Ich schloss aber daraus, dass ich offensichtlich zu leichtsinnig war, keine Ahnung hatte, worauf es bei der Wohnungssuche ankam und dankbar sein konnte für Jacksons klare Vision. Während ich aber noch mit mir und meinen Zweifeln an meinen Fähigkeiten den Alltag zu meistern haderte, nahm Jackson mir bereits die nächsten Entscheidungen ab – und übernahm das Projektmanagement für den Ortswechsel. Unser kleiner Umzug wurde zu einem komplizierten Unterfangen, mit Projektplan, Fristen und jeder Menge Stress. Ein Szenario, das sich noch einige Male wiederholen sollte. Wir zogen in Deutschland insgesamt neunmal in zwölf Jahren um und jedes Mal gab Jackson den großen Zampano. Die Kartons beschriftete er mit undurchsichtigen Codes aus Zahlen und Buchstaben, während er auf einer gesonderten Liste die entsprechenden Inhalte auflistete. So würde das Umzugsunternehmen nicht wissen, was sich in den Kartons verbarg und auch nichts stehlen, behauptete er. Ich fragte mich, wer unser langweiliges Geschirr oder seine durchweg braun-blaue Garderobe klauen wollte, doch ließ ihn gewähren. Für ihn musste alles nach Plan laufen und er ließ keine Gelegenheit aus, mir zu zeigen, dass ich nur ein Hindernis in seinem choreografierten Ablauf war: Ich packte zu spät und zu langsam und verstand nicht, in welcher Reihenfolge welche Möbel abgebaut werden mussten. Wenn ich eine Woche vor Umzug noch einen Spiegel im Bad benötigte, um mich für die Arbeit fertig zu machen, standen die Chancen jedes Mal gut, dass ich improvisieren musste, weil Jackson ihn bereits abgenommen und verpackt hatte. Anstelle der Spiegel zuerst andere Dinge abzubauen oder einzupacken, die möglicherweise nicht bis zum letzten Tag benötigt wurden, stand eben nicht im Umzugsplan. Zwischen Kisten und in Frischhalte-Folie eingewickelten Möbeln wurden nach meinem Empfinden die Wohnungen immer viel zu früh vor dem eigentlichen Umzugstermin nahezu unbewohnbar. Und jedes Mal war ich mit den Nerven am Ende. Aber was wusste ich schon. Beim Umzug nach Hamburg dachte ich aber noch, ich wäre dem Stress einfach nicht gewachsen und hatte keinen Blick dafür, dass es Jackson war, der sich völlig überzogen in sein Projekt hineinsteigerte. Ich freute mich zu sehr auf den Neuanfang in der Hansestadt und hatte mir fest vorgenommen zu beweisen, dass ich sehr wohl erwachsen war, eine ebenso erwachsene Beziehung führen konnte und mir, allem zum Trotz, eine großartige Karriere als Journalistin bevorstand.

9

Katerstimmung in Hamburg

Der Neuanfang in Hamburg glich dem bösen Erwachen nach einer langen Partynacht: Man geht beschwipst und unbeschwert ins Bett und lässt sich sanft vom letzten Drink in den Schlaf lullen. Am nächsten Morgen aber wacht man mit Rest-Alkohol im Blut und einem Hämmern im Kopf in der gnadenlos grellen Realität auf, die alles ausleuchtet, was am Abend vorher schiefgegangen ist.

Meine Katerstimmung setzte bereits drei Wochen nach unserem Umzug ein. Die idealisierte Unwissenheit, die mich auf einen neuen Anfang in Hamburg hoffen ließ, war schnell der ernüchternden Wirklichkeit gewichen. Ich arbeitete in einem unnötigen Schichtdienst in einer Magazinredaktion, in der die Chefs meine Kollegen und mich wie Sklaven behandelten und konnte dem Job journalistisch nichts abgewinnen. Das Gehalt war zwar besser als vorher, aber immer noch zu gering für zwei und die Überstunden waren unbezahlt. Ich wollte hinschmeißen. Das war es nicht wert. Jackson hielt mich davon ab. Er gab ein paar Durchhalteparolen zum Besten und erinnerte mich daran, dass ich mindestens ein Jahr durchhalten müsste, damit dieser Job gut auf meinem Lebenslauf aussah. „Denk an deine Karriere", sagte er mir immer wieder zur Aufmunterung, wenn mir vor Wut und Frustration die Tränen kamen.

Der Frühling fiel ebenfalls ins Wasser und das nasskalte Wetter schlug mir zusätzlich aufs Gemüt. Unsere Wohnung entpuppte sich auch als ein nur notdürftiger Unterschlupf. Die wenigen Möbel aus unserem kleinen Berliner Apartment wirkten in der fast doppelt so großen Hamburger Bleibe so verloren, wie ich mich fühlte. Wir schliefen auf einer Matratze auf dem Fußboden und benutzten Kartons als Nachttische, von den Decken hingen statt Lampen nur nackte Glühbirnen und in der Küche begann die Außenwand zu schimmeln. Wir hatten Nachtspeicherheizöfen und bekamen die Wohnung tagsüber nicht warm, schwitzen dafür aber nachts. Einen Balkon gab es nicht, aber hinter unserem Haus verlief eine Bahnstrecke und man hörte selbst durchs geschlossene Fenster alle zehn Minuten die Züge rattern. Vorn führte eine Straße mit altem Kopfsteinpflaster am Haus vorbei und in den Pausen zwischen den Zügen klapperten die Autos lautstark zu jeder Tages- und Nachtzeit über das Pflaster. Jackson regte sich zwar über die Heizung, den Schimmel und die Geräuschkulisse auf, verlor aber nie ein Wort darüber, wer letztlich die Entscheidung für diese Wohnung getroffen hatte – unabhängig davon, wer regelmäßig die monatliche Miete überwies. Manchmal dachte ich an die kleine Erdgeschosswohnung mit den dunklen Laminatböden, die wir besichtigt hatten und die Jackson aufgrund eines unbestätigten Einbruchsrisikos abgelehnt hatte. Sie lag versteckt in zweiter Reihe, hatte einen Garten und Fußbodenheizung. Ich fragte mich, ob es dort warm und ruhig war, sagte aber nichts. Eine neue Wohnung zu suchen, kam ohnehin nicht infrage. Wir konnten uns gerade so diese schimmelnde Kältekammer leisten. Der Rest reichte knapp für abendliche Spaghetti mit Fertigsoße und Aufback-Brötchen vom Discounter. Der einzige

Luxus, den wir hatten, war der kleine Toyota meiner Mutter, den ich leihweise aus Berlin mitnehmen durfte, und der zumindest mir ein gewisses Maß an Unabhängigkeit schenkte. Jackson fuhr trotz Führerschein nicht selbst, aber ich genoss es, nach einem anstrengenden langen Arbeitstag bequem mit dem Auto zurück nach Hause fahren zu können. Immerhin musste ich aufgrund des Schichtdienstes in manchen Wochen bereits vor sechs Uhr morgens in der Redaktion sein und in anderen verließ ich das Büro nicht vor Mitternacht. Jackson stand mit dem Auto auf Kriegsfuß. Er hielt es für Geldverschwendung, dass ich entweder fürs Parken bezahlen musste oder Strafzettel bekam, die im übrigen deutlich günstiger waren, als ein Parkschein für einen halben Tag. Er drängte darauf, dass ich mit der Bahn zur Arbeit fuhr, um Geld zu sparen, da sonst am Monatsende nichts mehr übrig sei und er sich dann keine Fahrscheine mehr leisten könne, um selbst in die Stadt zu fahren, denn während ich arbeitete, erkundete er regelmäßig die Hamburger City, wie er es in Berlin getan hatte. Er stöberte durch die Geschäfte, schaute sich in den Szenevierteln um oder ging am Hafen spazieren. Die Jobsuche hatte er bereits abgehakt. In Hamburg gäbe es ohnehin nur Stellen, für die man Deutschkenntnisse benötigte und die würden für ihn nicht infrage kommen, war seine Begründung. Er sprach tatsächlich immer noch sehr schlecht bis gar kein Deutsch, aber lehnte es ab, einen Sprachkurs zu besuchen. Zugegeben verstand ich seine Begründung damals sogar. Er sagte, dass er es nicht mehr schaffen würde gut genug Deutsch zu lernen, um einen Job auf demselben Gehalts-Niveau wie in London finden zu können. Daher ergäbe es keinen Sinn, es zu versuchen. Er hielt auch nicht viel von Sprachunterricht und meinte, er würde ausreichend Deutsch im Alltag lernen, um zurechtzukommen. Wenn ich mir das heute noch mal durch den Kopf gehen lasse, ergaben seine Aussagen so ziemlich alles, außer einen Sinn. Wir lebten schließlich in Deutschland, sprachen zu Hause aber immer noch ausschließlich Englisch. Alle unsere digitalen Geräte mussten auf Englisch eingestellt werden und selbst die wöchentliche Einkaufsliste schrieb ich auf Englisch, um Jackson nicht auszuschließen. Wir sahen Filme und Serien auf Englisch und meine Familie und Freunde mussten sich mit ihrem Schulenglisch durch jedes Treffen mit Jackson arbeiten. Meine Sprachkenntnisse verbesserten sich dadurch selbstverständlich enorm, allerdings bekam ich zunehmend Probleme auf der Arbeit. Ich schrieb mittlerweile auf Deutsch für ein deutsches Magazin und hatte immer häufiger mit Wortfindungsschwierigkeiten zu kämpfen. Einer meiner Chefs sagte mir sogar einmal, dass er einen englischen Akzent heraushören konnte, wenn er sich mit mir unterhielt. Es war mir unangenehm. Jackson dagegen war erfreut, als ich es ihm erzählte. Es wirkte, als würde es ihn mit Stolz erfüllen, weil er mich zu einem vermeintlich besseren Menschen umerzogen hatte. Ich kam damals nicht dazu, die Situation reflektiert zu bewerten. Wenn es nicht gerade auf der Arbeit Stress gab, machte Jackson zu Hause Druck. Er ließ nicht zu, dass ich mich abends oder an den Wochenenden erholte. Ständig wies er mir Aufgaben zu oder drängte mich zu Freizeitaktivitäten, die mir gegen den Strich gingen. Mir fehlte einfach die Kraft für ausgiebige Fahrradtouren durch die Stadt und besonders viel Lust auf Spaziergänge durch angesagte Stadtteile hatte ich auch nicht. Mir reichten der Fernseher und das Sofa. Einen Kompromiss fanden wir nicht. Die Situation schlug mir zunehmend auf den Magen und als ich nach wenigen Monaten ein Magengeschwür bekam, hielt ich den Stress auf der Arbeit für die Ursache. Jackson gab mir recht. Anstatt mir aber etwas von der Verantwortung für unser gemeinsames Leben abzunehmen und selbst etwas Geld zu verdienen, drängte er mich dazu, wieder eine neue Stelle zu finden. Dieses Mal kam es mir allerdings sehr gelegen. Ich war emotional und körperlich erschöpft und verband nichts Schönes mit Hamburg. Ich fand einen neuen Job in Berlin und wir zogen wieder zurück. Nach 13 Monaten hatte der Dauer-Kater endlich ein Ende. In Berlin würde es kein böses Erwachen geben, dachte ich.

10

Alte Stadt, neue Fesseln

Berlin klebte ein Pflaster über die Schrammen, die der Job und das vergangene Jahr in Hamburg auf meiner Seele hinterlassen hatten und ich hoffte auf schnelle Heilung. Mitten im Hauptstadttrubel war ich immerhin zu Hause und in den grünen Oasen der City fühlte ich mich seltsam frei. Hier würde alles nicht nur besser werden, sondern gut. Davon war ich überzeugt. Ich liebte meinen neuen Job, das Gehalt war deutlich besser und ich wurde sofort nach der Probezeit befördert. In der Redaktion leitete ich nun ein Team von acht Redakteuren – zu Hause war aber Jackson der Chef. Er hatte das Sagen. Und das letzte Wort. Erinnerte ich ihn daran, dass er sich seit über einem Jahr Arbeit suchen wollte, drehte er den Spieß um und gab mir die Schuld daran, dass er seinen gut bezahlten Job in London aufgeben musste. Schließlich seien wir nur für meine Karriere nach Deutschland gekommen, leierte er dann immer gebetsmühlenartig herunter, bis ich es schließlich glaubte. Irgendwann war ich ihm sogar dankbar und dachte, dass ich es ohne ihn niemals so weit geschafft hätte. Somit sah ich mich in der Pflicht, zu liefern. Schwächelte ich zwischendurch, motivierte er mich, indem er noch mehr Druck machte: Ohne Arbeit, so drohte er mir, müssten wir zurück nach London. Dort könnte er dann wieder das Geld verdienen, falls ich das wollte. Er wusste genau, dass England für mich ein rotes Tuch war und da mein Gehalt jetzt für unser Leben zu zweit reichte, hörte ich eines Tages auf ihn zu fragen, ob er sich jemals wieder nach einem Job umsehen würde. Mein Magengeschwür meldete sich in regelmäßigen Abständen mit Zweifeln an meiner Entscheidung zu schweigen, aber über die Angst, Berlin wieder verlassen zu müssen, vergaß ich sogar, dass Jackson selbst damals dringend aus London wegwollte. Die Stadt war ihm zu teuer, zu laut, zu schmutzig – und seine Arbeit war ihm zu anstrengend gewesen.

Eigentlich hätte Jackson zufrieden sein können. Weder musste er arbeiten, noch war er in einer anderen Weise fremdbestimmt. Trotzdem beklagte er sich immer häufiger: Ihm fehlte eine Aufgabe. Zwar verstand ich nicht, warum er sich dann nicht um Arbeit bemühte, aber schlafende Hunde wecken wollte ich auch nicht. Also versuchte ich so gut es ging für Ablenkung zu sorgen. Obwohl ich immer noch wenig Zeit und Lust hatte auszugehen, waren wir nun nicht mehr so knapp bei Kassen und konnten Konzerte besuchen oder uns mit den Freunden treffen, die mich aufgrund der ganzen Umzüge noch nicht vergessen hatten. Es reichte ihm nicht. Auch die Sprachbarriere wurde immer mehr zu einem Problem. Jackson warf mir vor, dass meine Familie und Freunde nicht genügend Rücksicht auf ihn nähmen, wenn sie in seiner Anwesenheit nicht durchgängig Englisch miteinander sprachen – und machte es zu meiner Verantwortung, eine Lösung für sein Problem zu finden. Für ihn schien das nur gerecht, schließlich könne ich mit meinen Kollegen den ganzen Tag über Deutsch sprechen, erklärte er mir. Er dagegen hätte niemanden. Nur mich. Ich gab mir Mühe nach den langen Arbeitstagen nicht zu schweigsam zu sein und ignorierte den dumpfen Schmerz in der Magengegend, der mittlerweile zu meinem ständigen Begleiter geworden war. Ich fühlte mich tatsächlich schlecht. Weder wollte ich für Jacksons Unglück verantwortlich sein, noch wollte ich undankbar erscheinen. Schließlich waren wir meinetwegen nach Berlin gezogen. Das hatte ich mir gemerkt. Und so hing ich mich noch mehr rein, ihm das Leben so angenehm und schön wie möglich zu machen.

Nebenbei schmiss ich immer noch den gesamten Haushalt und kochte jeden Tag nach der Arbeit das Abendessen. Manchmal bereitete Jackson die nötigen Zutaten vor, damit das Essen schneller auf den Tisch kam, wenn ich wieder einmal spät dran war. Selbst etwas für uns zu kochen, kam für ihn aber nicht infrage. Seine drei Gerichte, eine Wrapfüllung, ein Nudel-Auflauf und ein Blätterteig-Kartoffel-Kuchen, bereitete er nur äußerst selten und zu vermeintlich besonderen Anlässen zu. Das höchste der Gefühle war also, wenn ich nach einem langen anstrengenden Tag von ihm abends ein Bier gereicht bekam, während er sich im Schnitt die dritte Flasche öffnete. Das Drama von London wiederholte sich. Wir begannen wieder über seinen Alkoholkonsum zu streiten und wieder eskalierten die Abende, wenn Jackson angetrunken und schlecht gelaunt ausfällig wurde. Anders als in London gelobte er aber nun Besserung. Mal waren es seine verbalen Aussetzer, die ihm zu unangenehm waren, dann wieder schlechte Träume, die ihn nachts im Rausch plagten oder manchmal auch diffuse Schmerzen, die er im Bereich der Leber oder Nieren zu verspüren glaubte, die ihn schwören ließen, dass er weniger trinken würde. Jedes Mal verlangte er meine bedingungslose Unterstützung. Jedes Mal half ich ihm. Und jedes Mal tat er zum Dank so, als hätte er meine Hilfe nicht nötig. Ich war ratlos. Immer wieder erfand Jackson Gründe, die ihn zum Trinken zwangen: schlechte Tage, schlechte Gedanken, Kopfschmerzen oder mein Stress auf der Arbeit, der angeblich auf ihn abfärbte. Schaffte er es einen Tag lang abstinent zu bleiben, malte er stolz ein rotes Kreuz in den Küchenkalender, der am Kühlschrank hing und forderte Lob für seine Leistung von mir, als hätte er die zwölf Schritte der anonymen Alkoholiker durchgearbeitet.

Als meine Redaktion von Berlin nach Hamburg verlegt werden sollte, bekam ich größere Sorgen als Jacksons Vorliebe für billiges Bier. Keinesfalls wollte ich zurück in die Hansestadt. Die alten Wunden waren nach nunmehr drei Jahren immer noch nicht verheilt und rissen sofort wieder auf. Ich erinnerte mich an den Dauerregen, die schimmelige Wohnung und die Angst, ob das Gehalt bis zum Monatsende reichte. Jackson dagegen blieb erstaunlich ruhig. Er drohte seltsamerweise auch nicht wie sonst mit der Rückkehr nach London. Nach Hamburg zogen wir ebenfalls nicht. Er ließ mich kündigen. Die Aussicht, Berlin verlassen zu müssen oder gar selbst wieder für den Lebensunterhalt zu sorgen, muss ihm düsterer erschienen haben, als meine Arbeitslosigkeit. Anders kann ich mir nicht erklären, warum er weder etwas sagte, noch gewillt war, uns mit einem beliebigen Aushilfsjob finanziell zu unterstützen, bis ich eine neue Stelle in Berlin gefunden hatte.

Ich fand nichts – und geriet ins Schwimmen. Das erste Mal, seitdem wir London verlassen hatten, begann ich ernsthaft über alles nachzudenken. Hatte ich mir das Leben so vorgestellt? Wollte ich das alles wirklich? War ich überhaupt glücklich?

Ich ließ mich treiben, überlegte, ob ich einen neuen Berufsweg einschlagen wollte, noch einmal etwas anderes als Wirtschaft studieren könnte oder nach dem ersten Versuch in Neuseeland, es vielleicht ein zweites Mal wagen sollte, auszusteigen. Das war allerdings zu viel für Jackson. Bis hier hin war er stumm geblieben. Jetzt lösten meine Überlegungen bei ihm einen Alarmismus aus, den ich bis dahin noch nicht kannte. Anstatt mich zu unterstützen, zählte er panisch die Opfer auf, die er erbracht hatte, um meine Karriere zu fördern und warnte mich so vehement davor, alles für eine fixe Idee über Bord zu werfen, als hätte er sein gesamtes Vermögen in ein Unternehmen investiert, dessen Aktien gerade ins Bodenlose zu fallen drohte. Heute frage ich mich, ob er bereits einen anderen Plan hatte. Für uns. Für mich. Und ob es meine drohende Neuorientierung war, die ihn handeln ließ. Denn das, was folgte, wirkt rückblickend wie eine Kurskorrektur, die dazu dienen sollte, mich zurück ins Boot zu holen. Wir waren mittlerweile seit sieben Jahren zusammen und mein Pflichtbewusstsein war möglicherweise der einzige Rettungsring, den es zu werfen lohnte. Jackson wusste zumindest, dass ich mich an traditionelle Werte klammerte und unbedingt erwachsen und ernstgenommen werden wollte. Eine Heirat würde mir genau dieses Gefühl geben und nebenbei auch die letzten Zweifler an dieser Beziehung verstummen lassen. Zusätzlich würde ich mich noch mehr als zuvor verantwortlich für unsere gemeinsame Zukunft fühlen und weniger daran denken, mich selbst zu verwirklichen. Sein Heiratsantrag war in jedem Fall etwas Besonderes und er erzählte noch Jahre später, dass jeder Mann genauso wie er um die Hand einer Frau anhalten müsse. Er machte sich auch immer wieder lustig, wenn ich über Kolleginnen berichtete, die von ihren Partnern romantische und gefühlvolle Anträge bekamen. Schließlich hatte Jackson selbst alles andere getan, als der ganzen Sache die entsprechende Bedeutung zu geben. Er stand damals in der Küche und wir sprachen darüber eventuell zu heiraten. Wir listeten die Vorteile einer Ehe auf: Jackson würde durch eine Hochzeit über mich kostenlos krankenversichert werden, da er immer noch arbeitslos war und als EU-Bürger zwar in Deutschland leben, aber nicht ohne

Weiteres Sozialleistungen beziehen konnte. Ich würde in eine bessere Steuerklasse wechseln können und als Alleinverdiener mehr Gehalt nach Hause bringen. Mir kam dabei nicht einmal in den Sinn, dass ich in einer Situation, in der wir beide arbeitslos waren, weiterhin als Alleinverdiener plante und unterbewusst jegliche Hoffnung aufgegeben haben musste, dass Jackson jemals einen finanziellen Beitrag leisten würde.

Er stützte sich mit einer Hand hinter dem Rücken auf der Arbeitsplatte der Küche ab. In der anderen hielt er eine Bierflasche, die er mir entgegenstreckte, als würde er einen Toast aussprechen. Ich stand ihm zwei Meter entfernt gegenüber, als er fragte: „Sollten wir verdammt noch mal heiraten und den ganzen Scheiß machen?"" Dann nahm er wie zur Bestätigung einen großen Schluck von seinem Pils und ich sagte Ja. Glücklich war ich nicht. Auch nicht aufgeregt. Ich fühlte mich auch nicht erwachsener als vorher. Ich hoffte einfach nur, dass dieser dumpfe Schmerz in der Magengegend eines Tages aufhörte – und darauf, dass alles endlich besser würde, wenn es schon nicht gut werden konnte.

11

In guten wie in schlechten Zeiten

Die Ehe ist gut für die Gesundheit. Das hatte ich bei einer Recherche auf der Arbeit schon lange vor Jacksons Antrag einmal gelesen. Verheiratet zu sein, senkt angeblich das Demenzrisiko, das Stresslevel und den Puls. Der Autor des Artikels schrieb davon, dass sich „das Gehirn entspannt", wenn sich zwei Menschen zueinander bekannt haben. Das blieb mir im Gedächtnis – und ich hatte tatsächlich die Erwartung, dass es die Hochzeit sein würde, die mich endlich ruhiger und ausgeglichener werden ließe. So bestätigte ich mir selbst, dass es die richtige Entscheidung war, Jackson zu ehelichen. Rückblickend gab es nämlich überhaupt keinen Grund nach sieben Jahren wilder Ehe nun plötzlich zu heiraten. Mitten in der doppelten Arbeitslosigkeit ergaben auch steuerliche Vorteile ebenso wenig Sinn wie die Tatsache, dass Jackson in Deutschland nicht krankenversichert war, da das Vereinigte Königreich schließlich zu diesem Zeitpunkt noch zur EU gehörte. Für mich genügten aber die vermeintlichen gesundheitlichen Vorteile und die Logik, dass diese Beziehung nach so langer Zeit schließlich irgendwohin führen musste, um ein ausreichend gutes Gefühl bei der Sache zu haben. Es müssen aber Zweifel irgendeiner Art gewesen sein, die mich davon abhielten, jemandem von der anstehenden Hochzeit zu erzählen. Selbst meine Eltern weihte ich nur zögerlich ein, meinen Freunden sagte ich kein Wort und meine Geschwister erfuhren vor der Trauung ebenfalls nichts. Objektiv betrachtet, hätte ich vielleicht ahnen können, dass die Ehe zum Scheitern verurteilt war, aber damals konnte ich nur sehen, was ich eben sehen konnte: eine Beziehung, die zu diesem Zeitpunkt alles war, was ich hatte. Eine Beziehung, die ich auch deshalb unbedingt aufrechterhalten wollte, weil ich ihr Fortbestehen für den einzigen Indikator hielt, der außer mir auch allen Ungläubigen anzeigte, dass ich mein Leben unter Kontrolle hatte. Dafür war ich bereit, alles zu geben und stürzte mich in die Hochzeitsvorbereitungen.

Für das Aufgebot musste Jacksons Geburtsurkunde aus dem Englischen übersetzt und beglaubigt werden. Da ihm die deutsche Sprache immer noch Schwierigkeiten bereitete, kümmerte ich mich allein darum, ein Übersetzungsbüro zu finden, klärte alle offenen Punkte mit der Standesbeamtin und nahm nach Rücksprache mit Jackson das erstbeste freie Datum für die Eheschließung. Sechs Wochen vor der Hochzeit verzichtete ich auf Süßigkeiten und Alkohol, um ein paar Kilos für den großen Tag abzunehmen und animierte Jackson, mit mir gemeinsam täglich laufen zu gehen. Während ich mich aber zusätzlich in Verzicht übte, gönnte er sich abends immer noch Bier und Wein. Es ärgerte mich, dass er so wenig Disziplin besaß, aber ich sagte nichts. Ich sah mich selbst einfach nicht als die nörgelnde, zukünftige Ehefrau.

Auch am Tag der Hochzeit beklagte ich mich nicht. Ich fuhr uns selbst mit dem Auto zum Standesamt. Es regnete, aber zum Glück war mein Kleid von der Stange und hatte nur 49 Euro gekostet, die weißen Schuhe waren mit 21 Euro ebenfalls ein Schnäppchen und somit ruinierte der Regen immerhin kein einzigartiges oder teures Outfit. Der Blumenstrauss war nicht zu einem Brautbouquet gebunden und unabhängig davon, dass ich ihn am Morgen auch noch ohne zu murren selbst aus der Gärtnerei abgeholt hatte, war es ebenfalls kein großer Verlust, als einige Blüten dem Regen zum Opfer fielen. Jackson trug einen alten Anzug, den er vor Jahren zur Beerdigung meiner Großmutter getragen hatte und der ihm nur mäßig passte. Wir müssen ein trauriges Bild für die Standesbeamtin abgegeben haben. Ich erinnere mich noch an ihr überraschtes Gesicht, als ich ihr sagte, dass wir keine weiteren Gäste erwarten würden. Sie fragte freundlich, ob wir wenigstens einen Fotografen bestellt hätten. Ich verneinte. Als Nächstes wollte sie wissen, ob es einen Musikwunsch gäbe, dem sie nachkommen könnte. Wieder ein Nein. Dann wurde sie etwas unruhig. Sie fragte, ob sie unsere Ringe auf einem Kissen drapieren dürfte. Ich verneinte ein letztes Mal, denn wir hatten keine. Jackson schwieg. Die Standesbeamtin fragte daher mich, ob ich mir angesichts meiner vorherigen Antworten sicher sei, wirklich heiraten zu wollen. Ich antworte zum ersten von zwei Malen an diesem Tag mit Ja – und war weniger als 30 Minuten später offiziell verheiratet.

Ich sagte mir selbst, dass das Ja-Wort ohnehin nur eine Formalität und ich viel zu unabhängig und selbstbewusst für kitschige Kirmes-Romantik sei. Daher bewertete ich auch nicht, dass unsere Hochzeitsbilder aus einem Fix-Foto-Automaten stammten, an dem wir auf dem Heimweg nach der Trauung vorbeigefahren waren. „Cool" und „alternativ" nannte Jackson die vier klitzekleinen Schwarzweiß-Bilder, die der Automat, der vor einem Supermarkt stand, uns in einem langen Streifen ausspuckte. Wortlos steckten wir je eines der Fotos in unsere Portemonnaies und ich sah mir meins nie wieder an.

Erst zwei Monate später organisierten wir für unsere Familien ein Grillfest im Garten meiner Eltern, um die Hochzeit zu feiern. An den

Grund für die verspätete Party erinnere ich mich nicht mehr. Vielleicht war es das Wetter, was im Juli besser war. Vielleicht hatte ich auch darauf gedrängt. Möglicherweise wollte Jackson oder ich auch deshalb erst so lange nach der Trauung feiern, weil wir beide aus unterschiedlichen Gründen Sorge hatten, dass uns jemand von der Hochzeit hätte abhalten können. Die Feier fand jedenfalls im kleinen Kreis statt. Jacksons Mutter und sein Vater reisten aus England an und außer meiner direkten Familie waren nur eine Tante und ein Onkel mütterlicherseits anwesend. Ich trug mein Hochzeitskleid, welches niemand als solches erkannte und alles in allem fühlte es sich mehr nach Gartenfest als nach Hochzeitsfeier an, obwohl mein Vater heimlich eine kleine Hochzeitstorte besorgt und sich größte Mühe gegeben hatte. Ich sagte jedem, dass ich immer unbedingt genauso heiraten wollte. Ohne Tamtam. Letztes stimmte. Erstes war eine Lüge. Zwar hatte ich nie von einer großen Hochzeit mit ausladender Robe in einer üppig geschmückten Kirche geträumt, aber ich hatte mir Romantik gewünscht. Und Liebe. Ich wollte, dass Jackson zumindest der Hochzeit eine angemessene Bedeutung beimisst, wenn er es schon nicht beim Heiratsantrag getan hatte. Und ich wünschte mir, dass sich endlich „mein Gehirn entspannte". Aber auch das trat nicht ein.

12

Der Anfang vom Ende

Unser mittlerweile routiniertes Miteinander wäre sicher als normaler Ehe-Alltag durchgegangen, hätte die traurige Wahrheit nicht einen so bitteren Beigeschmack gehabt, der mir zwischendurch immer wieder aufstieß. Tatsächlich verharrten Jackson und ich nur in einem retardierenden Moment: Die Hoffnung auf ein Happy End, an der ich festhielt, war illusorisch, der unglückliche Ausgang unausweichlich. Streit gab es zwar kaum noch, aber nicht zuletzt, weil wir uns aus dem Weg gingen und zu diesem Zeitpunkt zwischen uns so gut wie nichts mehr lief. Nicht, dass wir jemals besonders leidenschaftlich zusammen waren, aber nun lebten wir nur noch nebeneinander her. Wir waren wie Mitbewohner in einer gewöhnlichen Wohngemeinschaft, die jetzt immerhin offiziell eingetragen war. Ob ich den Wendepunkt, der sich vor uns entfaltete aber wirklich nicht als solchen erkennen konnte oder es nicht wollte, kann ich heute nicht mehr mit Sicherheit sagen.

Einen neuen Job hatte ich immer noch nicht gefunden, aber dafür war meine Kreativität zurückgekehrt. Ich hatte begonnen zu malen und konnte stundenlang in die beruhigenden Welten aus Farben, Formen und Texturen abtauchen – bis meine Augen mehr schmerzten als mein müdes Herz. Das Arbeitslosengeld reichte nicht mehr für Konzerte oder ausgiebige Ausflüge, aber Jackson hatte von den letzten Besuchen in London seine drei Gitarren mitgebracht und somit eine andere Beschäftigung gefunden. Während ich malte, klimperte er nun täglich mit Kopfhörern vor sich hin, sodass wir zwar beide in der Wohnung waren, uns aber nicht in die Quere kamen.

Ich wusste jetzt, dass ich mir mein Leben so nicht vorgestellt hatte und auch nicht gewillt war, genauso weiterzumachen. Was ich nicht wusste war, wie ich diesen stillen Schrecken beenden konnte. Den letzten Augenblick, bis zu dem noch eine Umkehr möglich gewesen wäre, hatte ich schließlich verpasst, oder? Es gab kein Zurück. Mir blieb nur die Flucht nach vorn. Und einen beachtlichen Teil meiner Unsicherheit bezog ich auf meinen Job. Eher fragte ich mich, ob mein beruflicher Weg der richtige war, als dass ich meine Ehe infrage stellte. Ich hatte meine Zweifel bereits so oft ignoriert, dass es mir leicht fiel, sie auch dieses Mal beiseitezuschieben und weiterzumachen. Ich redete mir sogar ein, auf dem richtigen Weg zu sein. Als Jackson nach einigen Wochen anbot, mir bei der Jobsuche zu helfen, anstatt sich selbst um Arbeit zu bemühen, kam es mir nicht einmal mehr seltsam vor. Er war immerhin die einzige Konstante in meinem Leben. Ich nahm seine Hilfe an und funktionierte einfach. Aus Gewohnheit.

In Berlin war beruflich zu dieser Zeit in der Medienbranche nichts zu holen. Alle Jobs waren zu unsicher, zu schlecht bezahlt für einen Alleinverdiener im Zweipersonenhaushalt oder es wurden von vornherein nur freie Mitarbeiter gesucht. Letztes war keine Option, sagte Jackson. Ich bin mir nicht sicher, ob er es mir nicht zutraute, frei zu arbeiten oder einfach Sorge hatte, welche Auswirkungen eine Selbstständigkeit auf ihn haben würde. Er malte mir in dramatisch dunklen Farben aus, wie stressig der Alltag als Freiberufler sein würde und erinnerte mich zum wiederholten Mal daran, dass er sein Leben in London nicht aufgegeben hatte, damit ich nun als freie Journalistin einer brotlosen Kunst nachgehen konnte. Er drängte mich dazu, an meine Karriere zu denken, auf die wir weiter aufbauen mussten, wie er sagte. Ich folgte. Das war schließlich der richtige Weg.

Da ich die beruflichen Möglichkeiten in Berlin erschöpft hatte, dehnte ich die Jobsuche geografisch aus – und fand schließlich ein Angebot aus Baden-Württemberg für den Posten einer stellvertretenden Chefredakteurin eines Magazins, dessen Leser im Durchschnitt mehr als doppelt so alt waren wie ich. Die Stelle passte überhaupt nicht. Weder in meinen Lebenslauf noch zu mir, aber für Jackson schien es ein guter nächster Karriereschritt zu sein und so flog ich mit einem flauen Gefühl im Bauch zu einem ersten Gespräch nach Baden-Baden. Nach dem Desaster in Hamburg tat ich mich schwer damit, Berlin möglicherweise schon wieder den Rücken kehren zu müssen. Warum Jackson mir den Job schönredete, konnte ich nicht nachvollziehen. Rückblickend war ihm damals ein Umzug vermutlich immer noch lieber, als weiterhin von meinem Arbeitslosengeld zu leben. Das war ihm seltsamerweise unangenehm.

Die Chefredakteurin, die mich in Baden-Baden empfing, wirkte hochgradig unseriös auf mich. Sie saß in einem vollgerümpelten abgedunkelten Büro und hackte während unseres Gesprächs hektisch kurze Texte über alternde Mitglieder royaler Familien in eine von Dreck verkrustete Tastatur. Zwischendurch zog sie immer wieder gierig an einer Zigarette und fügte sich nahtlos in das Bild ein, welches der gesamte Verlag für mich abgab. Das Gebäude war in einen Dunst längst vergangenen Erfolgs gehüllt. Alles war düster, viele Büros standen leer und schaute ich in die, die belegt waren, blickte ich in graue, ausdruckslose Gesichter. Die Stimmung glich der auf einer Beerdigung – und wahrscheinlich wurden in diesen Wänden auch tatsächlich schon etliche Karrieren und Magazine zu Grabe getragen. Hier anzufangen wäre wie zu versuchen, an einer Endhaltestelle in den Bus einzusteigen. Wo sollte das hinführen?

Auf der Rückfahrt zum Flughafen flog die hügelige Landschaft Baden-Württembergs mit Feldern und Wäldern am Taxifenster vorbei. Der Anblick war zum Träumen. Und dennoch gelang es mir nicht, mir vorzustellen, hier zu leben und zu arbeiten. Bereit, den Job anzutreten, war ich trotz allem. Ich wusste, dass Jackson mir früher oder später wieder mit der Rückkehr nach England drohen würde, wenn wir keine Arbeit in Deutschland fänden. Und diese gähnende Ländlichkeit sah für mich immer noch besser aus, als die überfüllte Betonwüste Londons. Dahin wollten „wir" auf keinen Fall zurück. Wir. Jackson benutzte oft den Plural. Mir fiel erst sehr viel später auf, dass ich allein dadurch immer wieder den Eindruck bekam, dass er auf meiner Seite war, wir ein Team waren. Dass aber nur ich für unsere Mannschaft spielte, während er durchgängig auf der Bank saß und zuschaute, hätte mich dabei nicht einmal so sehr gestört, wären da nicht immer wieder seine Vorwürfe gewesen, dass er nur meinetwegen in Deutschland jobtechnisch auf dem Trockenen saß.

Als ich eine Absage für den Job in Baden-Baden bekam, war ich erleichtert. Nicht nur, weil ich überzeugt war, dem sicheren Karrieretod entkommen zu sein. Ein alter Freund hatte gute Kontakte zu einem anderen Verlag in Baden-Württemberg und bereits ein wenig die Werbetrommel für mich gerührt. Dort gefiel es mir schon beim ersten Kennenlernen deutlich besser. Das Verlagsgebäude war groß, hell und modern, der Geschäftsführer begrüßte mich persönlich und man fand meinen Lebenslauf beeindruckend. Mir gefiel die Aufmerksamkeit, die man mir schenkte. Das Gehalt war großzügig und obwohl ich noch keine Ahnung hatte, was mich genau erwarten würde, da man den Job auf mich zuschneiden wollte, verabschiedeten sich Jackson und ich von Berlin und zogen nach Baden-Württemberg. Alles wiederholte sich: ein Ende, ein neuer Anfang – oder war es dieses Mal der Anfang vom Ende?

13

Wende in Baden-Württemberg

Der Neuanfang in Baden-Württemberg endete wie alle gescheiterten zuvor: Nachdem der letzte Umzugskarton ausgepackt und die Wohnung eingerichtet war, stellte sich die altbekannte, bleierne Ernüchterung ein, die bereits seit Jahren an mir hing und die immer dann besonders schwer wog, wenn ich mich nicht ablenken konnte. Ich versuchte, mich auf die positiven Dinge in meinem Leben zu konzentrieren: Unsere Wohnung zum Beispiel war die gemütlichste, in der ich bisher gewohnt hatte. Sie hatte eine Galerie mit einem versteckten begehbaren Schrank unter dem Dach und offenen Holzbalken im Wohnzimmer. Der Balkon war komplett aus Holz, sah aus wie aus einem alten Heimatfilm und gab zwischen dichten Baumkronen den Blick auf ein weites Feld frei. Bei offenen Fenstern hörte man nur Schafe blöken und Vögel zwitschern. An dieser Art von Landleben konnte sogar ich Gefallen finden. Allerdings war diese Idylle in einem kleinen Dorf zu Hause, das etwa 45 Autominuten vom Verlag entfernt lag. Unter der Woche musste ich daher schon früh aus dem Haus und kam oft erst spät von der Arbeit zurück. Anfangs schmeckte mir aber sogar dieser Wermutstropfen noch recht gut. Die Fahrzeit konnte ich morgens nutzen, um mich mit Kaffee im Thermosbecher auf die Arbeit einzustimmen. Und abends schaltete ich auf der Rückfahrt mit entspannender Musik ab, um den beruflichen Stress nicht mit nach Hause nehmen zu müssen, denn der Job war unnötig anstrengend. Meine fehlende Jobbeschreibung gepaart mit den hohen Erwartungen des Geschäftsführers verursachte immer wieder Streit mit meiner Chefredakteurin. Fast täglich schien ich eine neue von ihr gezogene, aber äußerst verschwommene Grenze zu übertreten, von deren Existenz weder ich noch der Geschäftsführer etwas ahnen konnten. Immer, wenn ich aber glaubte, die Spielregeln verstanden zu haben, änderte sie sie wieder und ich begann von vorn. Gewinnen war ausgeschlossen.

Mit ihrer schrillen und wirren Art trieb meine Chefin das gesamte Team in den Wahnsinn und degradierte jeden, der es wagte nicht den Verstand zu verlieren. Wollte sie zum Beispiel mit mir sprechen, pfiff sie einfach durch die Redaktion, als würde sie Vieh von der Weide treiben und schrie dann meinen Namen, gefolgt von kurzen Lockrufen: „Komm, komm, komm." Hörte ich nicht, gab sie mir Tiernamen. Oft rief sie mich auch spätabends und an den Wochenenden an, um mir entweder von ihrem letzten Frisörbesuch zu berichten oder mir zu sagen, was ich am nächsten Tag oder auch erst nächste Woche zu tun hatte. Sie benutzte mich wie ein lebendiges Notizbuch, in dem sie alles festhielt, was sie sich nicht merken wollte. Es war übergriffig und unprofessionell. Der Betriebsrat schwieg, aber ich wollte mir den Mund nicht verbieten lassen. Zumindest zu Hause versuchte ich meinem Ärger Luft zu machen, aber Jackson schien die Situation nicht ernst zu nehmen. Zwar nervten ihn die abendlichen Anrufe meiner Chefin und die Tatsache, dass ich gestresst und somit unausstehlich war, aber zuhören wollte er mir trotzdem nicht, wenn ich mein Leid klagte. Als ich nach einem Monat wieder kündigen wollte, reagierte er sogar sehr ungehalten. Er erwartete Dankbarkeit, denn immerhin hätten wir nun nicht nur sein Leben in London für meine Karriere geopfert. Er besaß jetzt ein weiteres Druckmittel: Wir wären auch meinetwegen ins Nirgendwo nach Baden-Württemberg gezogen und er hätte inzwischen schon so lange nicht gearbeitet, dass es ihm mittlerweile unmöglich wäre, wieder in seinen Beruf zurückzukehren, behauptete er. Und hier würde er ohnehin nie einen Job finden. Jetzt, so befahl er mir, sollte ich gefälligst etwas aus der Situation machen, was seine Zugeständnisse und Entbehrungen rechtfertigte. Mir verschlug es fast die Sprache. Ich fühlte mich genauso ungerecht behandelt, wie auf der Arbeit. Weder war ich dankbar für das berufliche Martyrium, in dem ich mich befand, noch sah ich darin eine Chance auf die große Karriere. Aber ich fühlte mich schuldig. Es sollte nicht alles umsonst gewesen sein. Dann sollte es wenigstens lohnen, dachte ich und stürzte mich in die Arbeit.

Recht machen konnte ich es Jackson damit aber auch nicht. Arbeitete ich viel, beklagte er sich, dass er zu lange allein sei. Wollte ich kündigen und einen anderen Job finden, der mich nicht konsumierte, überredete er mich, weiterzumachen. Ich war innerlich zerrissen und der Stress forderte ein weiteres Opfer. Meine langen blonden Haare fielen mir aus, die dünnen Strähnen, die übrig blieben, musste ich abschneiden lassen. Es gab zu diesem Zeitpunkt nicht viel in meinem Leben, auf das ich Einfluss nehmen konnte. Meine Frisur aber konnte ich ändern. Ich entschied, meine Haare nicht nur schneiden, sondern auch dunkel färben zu lassen, aber während mir meine Kollegen Komplimente für den kurzen braunen Bob machten, begann ich mich zu fragen, ob überhaupt noch etwas von meinem alten Ich übrig war und vor allem, wer es auf dem Gewissen hatte.

Auch Jackson veränderte sich. Notgedrungen war er über seinen

Schatten gesprungen und fuhr nun gelegentlich selbst mit dem Auto. Ich hatte uns einen neuen Polo finanziert und an manchen Tagen chauffierte er mich damit zur Arbeit, erkundete dann die umliegenden Kleinstädte, erledigte Einkäufe und holte mich abends wieder ab. Der öffentliche Nahverkehr auf dem Land konnte natürlich nicht mit der Infrastruktur in London, Berlin oder Hamburg mithalten und da die Busse nur alle paar Stunden fuhren und es keine U- oder S-Bahn gab, war Jackson ganz einfach auf das Auto angewiesen, wenn er nicht zu Hause sitzen wollte. Für mich war es eine willkommene Entlastung, die mich von entspannten Wochenenden ohne Einkaufsstress träumen ließ. Ein kleiner Unfall, der nicht einmal der Rede wert war, ließ diesen Traum aber gleich wieder zerplatzen. Jackson vergaß beim Parken vor dem Aussteigen die Handbremse anzuziehen und der Wagen rollte auf ein anderes geparktes Auto auf. Der Schaden war mit bloßem Auge nicht zu erkennen und die anderen Autobesitzer waren so nett, dass sie weder Geld forderten, noch den Vorfall der Versicherung meldeten. Sie luden uns stattdessen ganz versöhnlich zu Zwiebelkuchen und Weißwein ein, als sie erfuhren, dass wir neu in der Gegend waren. Ich fand es zuckersüß und war erleichtert. Jackson lehnte aber schmollend ab – und setze sich nie wieder selbst ans Steuer. Dass ausgerechnet dieser klitzekleine Blechschaden ihm ein weiteres Druckmittel bieten würde, konnte ich zu einem Zeitpunkt nicht ahnen. Ohne Auto und angesichts der begrenzten Möglichkeiten, mit öffentlichen Verkehrsmitteln voranzukommen, fühlte sich Jackson aber schon bald zu Hause „eingesperrt", wie er es nannte. Wer die Schuld daran trug, war klar: Wir waren nur meinetwegen hier. Meinetwegen konnte Jackson sich nicht mehr frei mit öffentlichen Verkehrsmitteln bewegen. Und meinetwegen plagte ihn nun die Langeweile. Es war auch meine Schuld, dass er auf dem Land ohnehin keinen englischsprachigen Job finden würde, wie er bereits festgestellt hatte. Nüchtern betrachtet war das natürlich übertrieben und vor allem auch nicht wahr. In Berlin und Hamburg war er ebenso wenig gewillt gewesen zu arbeiten. Dennoch spielte er die Opferrolle so gut, dass ich darauf hereinfiel. Ich wollte ihm helfen und fragte, ob er Kindern in der Gegend Englisch beibringen oder Nachhilfe anbieten wollte – ahnungslos, dass er Sprachunterricht offenbar nicht nur für sich, sondern generell ablehnte. Seine Reaktion war jedenfalls so heftig, dass ich das Thema nie wieder ansprach.

Aus Mangel an Alternativen übernahm Jackson zum Teil die Hausarbeit. Ruhe kehrte trotzdem nicht ein. Wir zogen in unseren fünf Jahren in Baden-Württemberg insgesamt dreimal um, weil ihm in jeder Wohnung nach kürzester Zeit etwas missfiel, das uns früher oder später zum Auszug zwang. Bei unserer ersten Wohnung war es ein Baum, der vor unserem Balkon gefällt wurde. Obwohl wir nie draußen gesessen hatten, mochte Jackson nun den Ausblick nicht mehr. Bei der zweiten konnte er die Vermieterin nicht ausstehen, auch wenn wir sie nie sahen und bei der dritten Wohnung hasste er die Nachbarn, von denen wir nicht einmal die Vornamen kannten. Mit jedem Umzug blühte Jackson wieder kurzfristig auf – und mir fielen jedes Mal noch mehr Haare aus. Trotzdem war ich dankbar für die stete Ablenkung. Denn obwohl ich mittlerweile dauermüde war vom Perspektivlosigkeitumherschleppen, hielt diese bleierne Ernüchterung immer nur so lange an, bis wieder eine neue Wohnung in Aussicht war.

14

Privatleben und andere Peinlichkeiten

Der Stress und Jacksons Durchhalteparolen zahlten sich aus. Zumindest beruflich. Für mich ging es die Stufen der Karriereleiter immer weiter hinauf. Jacksons Stimmung war dafür häufiger im Keller. Nicht nur deshalb begann ich es zu genießen, wenn ich aufgrund von Seminaren und Terminen ein paar Nächte im Monat nicht zu Hause verbringen musste. Ich wurde vom Vorstand gefördert, fühlte mich geschätzt, wahrgenommen – und frei. Es war das erste Mal seit Neuseeland, dass ich den Eindruck hatte, die Welt um mich herum, ja mein Leben, wieder mit allen Sinnen richtig spüren zu können. Ich blühte auf und weil ich diese, aus meiner Sicht, positive Veränderung dem Job zuschrieb, war ich eine dementsprechend gewissenhafte und vor allem dankbare Mitarbeiterin. Ich arbeitete viel, fleißig und das freiwillig. Jackson gefiel mein Wandel nur bedingt. Er verlangte, dass ich bei allen Geschäftsreisen um drei Autostunden je Strecke am selben Tag wieder zurückkam. Mir fielen allerdings genügend Ausreden ein, warum ich es immer seltener schaffte und wollte er mir Termine oder berufliche Abendessen verbieten, nutzte ich sein Totschlagargument für meine Zwecke: Es ist wichtig für die Karriere. Machte Jackson wieder Druck, wich ich jetzt aus und verkroch mich im Büro. Hatte ich mich vorher zu Hause von der Arbeit erholt, erholte ich mich nun auf der Arbeit von meinem Privatleben. Ich war immer ein introvertierter Mensch, der sicherlich für eine gewisse Zeit auch aufgedreht und etwas lauter sein konnte. Aber ich ging ungern aus und spielte schon als kleines Kind, sehr zur Verwunderung der Eltern aller Nachbarskinder, gern allein, malte lieber in meinem Zimmer oder las unter der Decke, anstatt mit allen anderen die Nachbarschaft unsicher zu machen. Selbst mit Anfang 20 genoss ich es bereits, allein für mich in meiner Wohnung im Jogginganzug auf dem Sofa vor dem Fernseher zu lümmeln, während meine Freundinnen von einer Party zur nächsten stolperten. Dass ich inzwischen lieber meinen Kollegen in lauten Hotelbars zuprostete oder auf jedem Sommerfest, jeder Weihnachtsfeier bis zum Morgen tanzte, als zu Hause Zeit mit meinem Mann zu verbringen, passte also gar nicht zu mir – und löste einen ambivalenten Gemütszustand aus. Ich fühlte mich leicht und schwer zugleich. Frei und schuldig. Meine Kollegen waren Gleichgesinnte. Wir teilten Interessen, Schicksale und verbrachten viel Zeit zusammen. Jackson wurde dagegen immer mehr zu einem Fremden, mit dem mir die Gesprächsthemen ausgingen. Aber weder wollte ich ihn aus meinem Leben ausschließen, noch mich von ihm entfernen. Mein schlechtes Gewissen zwang mich zu handeln.

Ich organisierte mit einer Freundin aus der Redaktion eine Kneipen-Tour durch unsere Kleinstadt für und mit unseren Männern. Ein Doppel-Date. Es war Musiknacht und einen Abend lang spielten unterschiedliche Bands in den Cafés, Bars und Clubs der Innenstadt. Der Freund meiner Freundin war selbst Musiker und beide sprachen fließend Englisch. Es war das perfekte Match. Ich weiß noch, wie zögerlich ich Jackson dennoch von der Idee erzählte, weil ich nie wissen konnte, wie er auf meine Vorschläge reagierte und ich erinnere mich, dass ich aufatmete, als er sich über meine Initiative freute.

Der Abend verlief allerdings völlig anders als geplant. Erst hielt ich es für meine Einbildung. Schon bei der Begrüßung und beim ersten Kennenlernen wirkte Jackson mit meiner Freundin und ihrem Partner so seltsam unecht, dass ich am liebsten wieder nach Hause gegangen wäre. Mein Eindruck bestätigte sich aber, als der Abend voranschritt. Jackson lachte künstlich über Aussagen, die nicht witzig gemeint waren, wurde aufdringlich und es war nicht zu übersehen, dass sich meine Freundin wirklich große Mühe gab, nett zu ihm zu sein, aber einfach nicht mit ihm warm wurde. Sie tat mir leid und ich schämte mich für Jacksons Verhalten. Er schien wie ein Fremdkörper. Deplatziert und ungewollt. Lästig sogar. Nicht einmal ich mochte ihn in diesem Zustand. Mit dem Freund meiner Kollegin kam Jackson zugegeben etwas besser zurecht, aber er war für mich kein Gradmesser. Ihn kannte ich auch aus dem Verlag und immer, wenn er jemanden fand, dem er mit seinen Band-Geschichten ein Ohr abkauen konnte, wirkte er überglücklich. Ich fühlte mich dagegen den ganzen Abend hindurch unwohl. Vor allem wurde mir schmerzlich bewusst, wie sehr Jackson und ich uns bereits entfremdet hatten, wenn ich meine Freundin und ihren Liebsten beobachtete. Sie wirkten wie ein eingespieltes Team, ein altes Ehepaar und dennoch irgendwie frisch verliebt. Sie küssten sich, lachten zusammen über kleine Insider-Witze und hielten Händchen. Er ließ sie nie aus den Augen und sie waren sich auch ohne Worte immer sofort einig. Jackson und ich berührten uns nicht einmal. Stattdessen hielt er sich den ganzen Abend an Bier- oder Longdrinkgläsern fest. Bereits zu Hause hatte er ein paar Flaschen Pils vorab getrunken, eine sogar mit auf den Weg in die Stadt genommen.

Nun bestellte er an jeder Bar Nachschub.

Als er in einer Kneipe, die mindestens so voll war wie er, mit einem anderen Mann zusammenstieß, war der Abend aber endgültig gelaufen. Jackson war überzeugt, dass es sich nicht um ein Versehen handelte.

Als Folge starrte er die ersten zwei Songs der Band hindurch einen wildfremden Mann mit weit aufgerissenen Augen grimmig quer durch die Bar an, der allerdings völlig unbeirrt mit seinen Freunden zur Musik feierte. Jackson war dennoch fest davon überzeugt, dass der Typ sich über ihn lustig machte, aber ich konnte beim besten Willen nicht mal erkennen, dass er mit seinen Kumpels drei Tische weiter überhaupt lachte, geschweige denn Notiz von uns nahm. Die einzige Reaktion kam von meinen Kollegen, die sich wunderten, warum Jackson versuchte, jemanden mit Blicken zu töten. Beruhigen ließ er sich nicht und drohte schließlich sogar Fäuste ballend, „die Sache" zu klären. Das war zu viel für mich. Es war mir unendlich peinlich. Ich gab vor, müde zu sein und nach Hause zu wollen.

Auf dem Heimweg sprachen wir kein Wort miteinander und ich ahnte, dass es Jackson dämmerte, wie unangebracht sein Verhalten gewesen war. Als er sich am nächsten Morgen ausgenüchtert wieder einmal bei mir entschuldigte, konnten seine Worte mich trotzdem nicht darüber hinwegtrösten, dass sich eine unendliche Traurigkeit unter meine Wut gemischt hatte. Ich trauerte um die liebevolle und zärtliche Beziehung, die Jackson und ich nie führen würden, die ich mir aber offensichtlich wünschte. Und es machte mich wütend, dass ich mich stattdessen für meinen Mann schämen musste. Mit einer Mischung aus Resignation und Entschiedenheit beschloss ich, Jackson und meinen Beruf fortan strikt voneinander zu trennen. Nie wieder würde er jemanden aus dem

Verlag kennenlernen. Und für meine Kollegen war mein Privatleben ab sofort nicht mehr existent. Es war mir einfach zu peinlich.

15

Toxische Liebe geht durch den Magen

Ich stürzte mich in die Arbeit, bis keine Zeit mehr blieb darüber nachzudenken, ob unsere Ehe-Probleme noch normal und lösbar waren oder bereits zu den berüchtigten unüberbrückbaren Differenzen gehörten.

An guten Tagen funktionierte diese Taktik. Dann hielt ich mich für eine starke Frau, die hochprofessionell an ihrer Karriere feilte und dafür privat Abstriche machte. An schlechten Tagen stritten Jackson und ich hässlich, kalt und lautstark. An den meisten Tagen aber fühlte ich mich einfach nur furchtbar einsam. Zu Hause kamen wir kaum noch auf einen gemeinsamen Nenner. Jackson wollte nichts von meinem Stress auf der Arbeit hören und meinen privaten Schmerz konnte ich natürlich nicht mit meinen Kollegen teilen. Im Verlag kam mir nichts Persönliches mehr über die Lippen und kam ich einmal nicht um eine Antwort auf eine Frage nach meinem Privatleben herum, tat ich, als sei alles bestens und vermied es dabei, im Plural zu sprechen. Das Wir hatte ich aus meinem Wortschatz gestrichen.

Jackson und ich waren gerade erneut umgezogen und die neue Wohnung lag nur noch fünf Autominuten vom Verlag entfernt. Trotzdem wurden die Tage in der Redaktion für mich immer länger und die Nächte zu Hause entsprechend kürzer. Die Überstunden zählte ich in Kopfschmerzattacken, die mich regelmäßig in die Knie zwangen, wenn ich mich wieder einmal übernommen hatte. Als hätte der Job mir inmitten einer absoluten Bedeutungslosigkeit einen Sinn gegeben, gab ich auf der Arbeit alles. Für die Karriere natürlich. Tatsächlich betrieb ich aber einfach nur Raubbau an meinem Körper, aß und trank tagsüber zu wenig und interpretierte den Erfolgsdruck, unter dem ich stand, als zielorientierte Motivation. Jackson machte sich wenig Gedanken über meinen Zustand, attestierte mir wetterbedingte Migräne-Anfälle und riet mir immer rechtzeitig Schmerzmittel zu nehmen.

Intuitiv zwang ich mich bei einsetzenden Kopfschmerzen mittags mit meinen Kollegen in der Kantine zu essen – und es wurde bald zur täglichen Routine. Die Attacken ließen nach, ich hatte wieder mehr Energie, um durch den Tag zu kommen und vor allem genoss ich die Auszeit und das alberne Lästern über Chefs und Kollegen. Wir saßen alle im gleichen Boot und geteilter Stress wog nur noch halb so viel. Für mich waren die Mittagspausen kleine Kurzurlaube in der Kantine, die mich durchatmen ließen und ich freute mich auf Spaghetti Bolognese oder Currywurst mit Pommes, wie sich andere auf die Sommerferien. Das Essen war zwar bestenfalls mittelmäßig, aber mir schmeckten die Gerichte, die es zu Hause praktisch nie gab. Jackson bestand grundsätzlich darauf, dass ich fett- und salzarm kochte. Briet ich beispielsweise Gehacktes für Spaghetti Bolognese an, gängelte er mich immer, das Fett abzuschöpfen und beobachtete mich genau, damit ich auf keinen Fall das Nudelwasser salzte. Er fürchtete um seine Gesundheit. Seine versalzenen und vor Fett triefenden Kartoffelchips aß er aber ohne Bedenken immer noch tütenweise.

Eines Abends flippte Jackson vor dem Essen völlig aus. Ich hatte mir mittags bereits eine große Portion Bratkartoffeln in der Kantine gegönnt und dementsprechend nur noch wenig Appetit mit nach Hause gebracht. Normalerweise musste ich mich abends immer beeilen, schnell zu duschen, damit ich nicht zu spät mit dem Kochen begann, aber an diesem Abend sagte ich Jackson, dass ich selbst nur noch eine Kleinigkeit essen würde – wenn überhaupt etwas. Ich dachte mir nichts dabei, aber noch bevor ich ausreden und ihm anbieten konnte, dass ich dennoch für ihn kochen und ihm auch beim Essen Gesellschaft leisten würde, brannten bei ihm bereits die Sicherungen durch. Was er nun essen solle, fragte er mich vorwurfsvoll und wartete nicht auf meine Antwort. Meinetwegen müsse er abends ohnehin immer viel zu spät essen, monierte er und somit wäre ich auch schuld an seinen Schlafstörungen und nächtlichen Bauchschmerzen. Mein Argument, dass es mir deutlich besser ginge, seit ich mittags auf der Arbeit aß, prallte genauso an ihm ab, wie der Vorschlag, dass ich ihm künftig ein warmes Mittagessen vorkochen und wir abends nur noch eine Kleinigkeit essen würden. Gemeinsam. Für Jackson war das Problem damit nicht gelöst. Er benahm sich, als hätte ich ihn betrogen und verließ wütend die Wohnung. Als er zurückkam, sprach er kein Wort mit mir. Zuerst musste ich mich für mein egoistisches Verhalten, wie er es später nannte, entschuldigen und ihm dann versprechen, dass ich künftig mittags nur noch einen kleinen Salat in der Kantine essen würde – wenn überhaupt etwas.

Fortan riss ich mich so gut es ging zusammen, machte einen Bogen um die leckeren warmen Hauptgerichte und knabberte nur noch Rohkost von der Salatbar. Jeden Abend fragte Jackson mich mit strengem Blick, was ich gegessen hatte und wurde sofort misstrauisch, wenn ich mein Abendessen nicht aufaß. Als er auf meiner

Gehaltsabrechnung entdeckte, dass knapp 100 Euro für Kantinen- oder Café-Besuche von meinem Gehalt abgezogen wurden, war er außer sich. Geldverschwendung, unnötig, lächerlich – sind nur einige Worte, die er mir an den Kopf warf. Zwar glaubte er mir nicht, dass Salate so teuer sein konnten und vermutete Betrug, beschloss aber gütig mir Brote zu schmieren, die ich stattdessen essen sollte. Sie schmeckten mir nicht. Jackson strich die Leberwurst so dünn, dass das Graubrot staubtrocken war und selbst Margarine und Scheibenkäse rationierte er so sparsam, dass mir mittags bereits beim Anblick des Brotes der Appetit verging, weil das Sandwich aussah wie eine gefriergetrocknete Notration aus der Staatsreserve. Meine Brote selbst belegen durfte ich nicht, weil ich angeblich zu viel Wurst und Käse benutzte. Das sei zu fett, sagte Jackson damals – und fragte mich, ob ein so dicker Belag wirklich nötig sei, so wie ein strenger Vater sein Kind fragt, ob es die Süßigkeiten tatsächlich benötigte oder nicht lieber doch den gesunden Rosenkohlauflauf bevorzugte. Damit hatte er hatte sein Ziel erreicht: Ich bekam ein schlechtes Gewissen. Einerseits, weil ich Geld nur für mich ausgegeben hatte und andererseits, weil ich mich für undiszipliniert hielt, da ich an manchen Tagen immer noch mittags in der Kantine aß. Heimlich. Ich zahlte nun immer bar und damit Jackson wirklich keinen Verdacht schöpfte, zwang ich mich auch abends zu Hause noch mal eine volle Portion zu essen. Ich wusste, dass ich zwar nicht übergewichtig war, aber meine Kleider begannen etwas zu spannen und die Hosen kniffen mittlerweile ein wenig am Bauch. Jackson bemerkte, dass ich morgens oft mehrere Outfits anprobieren musste, bevor ich eines fand, das nicht zu eng war. Und er muss gewusst haben, woran es lag.

Die Gewissheit reichte ihm nicht. Eines Morgens warf er mir an den Kopf, dass ich aussähe wie das „fette Kind, das in der Schule den anderen das Pausenbrot wegfuttert". Ich weiß noch ganz genau, wie er mich süffisant lächelnd zur Einsicht aufforderte: „Das musst du doch auch selbst sehen, oder etwa nicht?" Ich war zutiefst verletzt und verstand nicht, wie er so grausam sein konnte. Jackson selbst war bei Weitem nicht in Bestform, hatte einen Bierbauch und war kraftlos und blass. Zwar ging er gelegentlich Joggen, weil er davon überzeugt war, den Alkohol ausschwitzen zu können, aber weder verlor er dadurch an Gewicht, noch bekam er eine besser geformte Figur. Ich sagte dennoch nichts. Nicht einmal als er im gleichen Atemzug vorschlug, dass wir uns vegan ernähren sollten, entgegnete ich ihm etwas. Wie es schien, hatte er sich die Argumentation ohnehin bereits zurechtgelegt – und es war nicht vorgesehen, dass ich widersprach. Eine vegane Ernährung wäre besser für die Umwelt und unsere Gesundheit, sagte er und zählte mir auf, an welchen Körperstellen ich am meisten zugenommen hatte. Mit sich selbst ging er deutlich milder ins Gericht und stellte lediglich fest, dass er beim Sport zu sehr schwitzen würde, wenn wir tierische Fette aßen.

Ich begann mich aufgrund der detaillierten Beschreibung meiner Figur für meinen Körper zu schämen – und ließ mich schon allein deshalb auf das Experiment ein. Hatte ich überhaupt eine Wahl?

Jackson fand sich in der neuen Ernährungsform schnell zurecht. Am liebsten aß er vegane Grillsteaks, Burger-Bratlinge und andere gepresste Fleischalternativen. Ich allerdings tat mich mit Tofu schwer, vertrug Seitan nur bedingt und suchte deshalb nach veganen Rezepten, die komplett ohne Fleischersatz auskamen. Wenn ich schon meine Ernährung umstellte, dachte ich, dann richtig. Keine tierischen Produkte zu mir zur nehmen hieß für mich auch darauf zu verzichten, Dinge zu essen, die auf den ersten Blick vorgaben, etwas zu sein, was sie schlicht nicht waren. Würstchen und Schnitzel standen eben nicht mehr auf dem Speiseplan. Auch nicht in der veganen Variante. Lieber wollte ich alles frisch zubereiten – und ich fand tatsächlich Gefallen daran. Es machte mir wieder Spaß zu kochen, ich nahm ab und vor allem schmeckte es mir hervorragend. Jackson dagegen beschwerte sich über zu wenig Protein im Essen und rügte mich dafür, dass ich es seiner Meinung nach übertrieb. Ich verstand die Welt nicht mehr. Ich war seinem Vorschlag gefolgt, sorgte für abwechslungsreiches Essen und konnte auch nicht mehr mit meinen Kollegen mittags in der Kantine meine Lieblingsspeisen schlemmen. Stattdessen war ich nun die, die grüne Smoothies mit zur Arbeit nahm, selbst an der Salatbar nur wenig Auswahl hatte und nicht einmal mehr von mitgebrachten Geburtstags-Kuchen der Kollegen kosten konnte. Ich war auf der Arbeit zu einer Außenseiterin geworden. Immer dabei und doch irgendwie isoliert. Nicht einmal den Cappuccino aus der Cafeteria konnte ich noch trinken. Jackson war mein Koffeinkonsum ohnehin immer ein Dorn im Auge gewesen. War ich abends zu aufgekratzt, beschwerte ich sich, dass ich immer zu viel redete, wenn ich nachmittags Cappuccino trank, wenngleich er auch nicht zufrieden war, wenn ich müde und wortkarg nach Hause kam. Ich könnte in seinen Augen einfach nichts richtig machen. Selbst die Tatsache, dass ich in kurzer Zeit viel Gewicht verloren hatte, schien ihn nicht zu beeindrucken. Nachdem ich zuvor noch Kritik für meinen „dicken Bauch" einstecken musste, kommentierte Jackson meine verschlankte Figur seltsamerweise nicht mehr. Zur Abwechslung fühlte ich mich nun betrogen – und begann auf der Arbeit Butterbrezeln zu naschen. Heimlich natürlich.

16

Familienzuwachs

Jackson überprüfte regelmäßig, ob ich weiterhin mittags heimlich auf der Arbeit aß. Seine kleinen Nachfragen wuchsen zu größeren Kontrollen heran. Er inspizierte, ob ich tatsächlich aus dem Smoothiebecher getrunken oder ihn nur ausgeschüttet hatte und bewertete beim Abendessen die Größe meines Appetits. Dass sein Verhalten eines Tages zu ausgewachsenen Überwachungsmaßnahmen mutieren würde, war mir damals allerdings nicht klar. Ich wusste nur eins: Jackson brauchte dringend eine Aufgabe. Ablenkung. Er musste seine Energie anderweitig einsetzen und einen neuen Fokus finden. Da er sich immer noch konsequent weigerte, einen Job zu suchen und sogar Stellen ablehnte, die meine Eltern und meine Chefs ihm anboten, schlug ich ihm vor, einen Hund anzuschaffen. Jackson war begeistert. Außer einer dauerhaft schlecht gelaunten und halb-wilden Katze hatte er selbst als kleiner Junge keine Haustiere gehalten und begann sofort davon zu träumen, wie er mit einem Hund über die Weinberge streifen oder durch die Wälder joggen konnte. Ich war erleichtert. Das würde helfen. Wir recherchierten gemeinsam Hunderassen und Züchter und entschieden uns für einen deutschen Boxer:

Jackson wünschte sich einen großen, verspielten Hund mit kurzem Fell und ich war mit dieser Hunderasse aufgewachsen.

Es war Liebe auf den ersten Blick. Als die Welpen ihre Augen öffneten, durften wir sie das erste Mal besuchen und Jackson schmolz dahin, als sich Eddie, wie wir ihn nannten, zaghaft an ihn kuschelte. Wir fuhren in den ersten acht Wochen jedes Wochenende zur Züchterin, um unseren Hund an uns zu gewöhnen. Trotzdem hatte ich bis zu dem Tag, an dem wir unseren Vierbeiner tatsächlich abholten, Angst, dass Jackson es sich noch einmal anders überlegen könnte. Immerhin waren ab sofort gemeinsame Besuche bei seinen Eltern in England praktisch ausgeschlossen. Mit einem Hund konnten wir nicht fliegen. Zwar hatten wir darüber gesprochen und waren uns auch einig, dass wir den Eddie keinesfalls für einen Urlaub in Pflege geben würden und Jackson deshalb fortan allein zu seinen Eltern fliegen müsste, aber ich war mir nicht sicher, ob er sich der Endgültigkeit dieser Tatsache wirklich bewusst war. Als ich den Kaufvertrag unterschrieb, dachte nicht einmal entfernt daran, dass Jackson es eines Tages gegen mich verwenden könnte. Er freute sich doch so sehr über unseren Familienzuwachs. Anfangs.

Für mich war Eddie mein Herz auf vier Pfoten. Dieses kleine, pelzige Wesen mit den schwarzen Knopfaugen und den viel zu großen Schlappohren erfüllte mich mit so viel Freude, dass sie mich in manchen Momenten zu überwältigen drohte. Der Hund erweckte mütterliche Gefühle in mir, an deren Existenz ich bis dahin nicht einmal geglaubt hatte. Immer wieder betonte Jackson, dass er definitiv keine Kinder wollte. Er mochte sie nichtmal besonders und ich redete mir all die Jahre ein, dass ich ebenfalls keinen Wert auf eine Familie legte. Schon zu Beginn unserer Beziehung hatte er mich vor die Wahl gestellt: Entweder bestätigte ich ihm, dass ich seine Meinung teilte oder er würde sich von mir trennen. Damals war ich Mitte 20, naiv und ängstlich – und wollte ihn nicht verlieren. Mit Mitte 30 bemutterte ich nun ein Fellbaby und erinnerte mich offenbar nicht mehr daran, wie ich in jungen Jahren noch von einer eigenen Familie geträumt hatte.

Heute bin ich dankbar, dass Jackson und ich keine gemeinsamen Kinder haben. Er bewies keinerlei väterliche Qualitäten oder Instinkte und war bereits mit der Versorgung und Erziehung eines Welpen hoffnungslos überfordert. Anstatt wie erhofft Sinn oder zumindest Beschäftigung darin zu finden, Eddie großzuziehen, war Jackson ihm gegenüber unbeherrscht und aggressiv. Er bestrafte den Hund oft und hart und ich fragte mich, welche Seiten ein Kind womöglich an ihm zum Vorschein gebracht hätte.

Zur Eingewöhnung unseres neuen Familienmitglieds nahm ich mir zwei Wochen Urlaub und schon innerhalb dieser kurzen Zeit fiel mir auf, dass Jackson sich entweder schlecht oder gar nicht um Eddie kümmerte. Er war ungeduldig und genervt, wenn der Welpe nicht hörte, nicht schlief oder sonst etwas tat, was er nicht tun sollte. Die täglichen Aufgaben wie Gassigehen oder Füttern schob er schnell mir zu, mit der Begründung, Eddie sei mein Hund. Schließlich hätte ich ihn auch gekauft. Es war, als wollte er sich nicht mit ihm befassen. Ich war irritiert und gab mir alle Mühe, Jackson und Eddie doch noch irgendwie zusammenzubringen. Schließlich hatte er ihn sich doch so sehr gewünscht.

Nach einem Monat musste ich immer noch in jeder Mittagspause nach Hause kommen, um den Hund gemeinsam mit Jackson auszuführen, weil er es so verlangte. Trotz der kurzen Distanz zwischen Arbeit und Zuhause bedeutet es puren Stress für mich – und letztlich auch für Eddie. Täglich hetzte ich mittags zum Auto, fuhr heim, zog mich um, lief im Stechschritt mit dem Hund übers Feld, zog mich wieder um und raste zurück zur Arbeit. Abends musste ich ab jetzt pünktlich Feierabend machen, weil Jackson auch dann nicht allein mit Eddie spazieren gehen wollte und morgens musste ich ebenfalls immer auf der ersten Gassirunde des Tages dabei sein. Jackson erwartete, dass ich Termine verschob, Meetings abkürzte und immer bereitstand. Ich war mir nicht sicher, ob er den Hund benutzte, um mich noch stärker einzuschränken und zu kontrollieren oder ob er schlicht nicht mit ihm allein sein wollte. In jedem Fall schien Eddie etwas zu spüren. Mit Jackson war er launisch, frech und wild. Er sprang ihn übermütig an oder biss im Spiel in seinen Jackenärmel – und Jackson verlor jedes Mal die Beherrschung. Er schrie, lief rot an und drückte den Hund entweder wütend zu Boden, bis er aufhörte zu zappeln oder zog an der Leine, sodass Eddies Vorderpfoten in der Luft hingen und seine Zunge blau anlief. Anfangs versuchte ich noch Jackson zu erklären, dass jeder Boxer in meiner Familie eines Tages zu einem besonnenen Begleiter herangewachsen war – egal wie aufmüpfig und anstrengend er als Welpe gewesen sein mag. Dafür brauchte es aber Geduld und Durchhaltevermögen. Später sparte ich mir die Erklärungsversuche und ging aus Angst um Eddie nur noch wortlos dazwischen.

Jackson schien nicht darüber hinwegzukommen, dass er keine Macht über dieses kleine Energiebündel ausüben konnte und erlegte Eddie und uns deshalb eines Tages selbstverfasste Regeln auf, die er ausdruckte und so mahnend an die Wand heftete, wie Luther seine Thesen. Unter anderem durfte der Hund keine Spielzeuge zur freien Verfügung besitzen und Zerrspiele waren völlig ausgeschlossen. Zusätzlich besagten die Regeln, dass Eddie für Ungehorsam mit Verachtung bestraft werden sollte und Ruhephasen einzuhalten hatte, die zwar in Jacksons Tagesablauf, aber nicht in den eines Hundes passten. Weder ich noch der Hund hielten sich an die Ge- und Verbote und schließlich gab Jackson auf. Er wollte Eddie nur noch loswerden und verlangte von mir, dass ich ihn entlastete, indem ich „meinen Hund" ab jetzt häufiger mit zur Arbeit nahm. Im Gegensatz zu Jackson hatte ich aber einen straff durchgetakteten Arbeitstag, bei dem ein Termin den anderen jagte und deshalb keine Zeit mich nebenbei um Eddie zu kümmern. Vor allem aber gab es im Verlag genügend Kollegen, die sich vor Hunden fürchteten. Ich befand mich in einer Zwickmühle. Natürlich wünschte ich mir einerseits, dass der Hund gut versorgt und vor allem in Sicherheit war. Und keinesfalls wollte ich zu einer Eskalation beitragen. Anderseits war mir meine Karriere wichtig. Den tasmanischen Teufel täglich mit ins Büro bringen und negativ auffallen wollte ich daher ganz sicher nicht.

Eddie war einfach kein Hund, der nur ruhig unter dem Schreibtisch lag. Er räumte Mülleimer aus, zerfetzte Papier, knabberte bei Meetings unter dem Tisch an den Schuhen von Kollegen die Schnürsenkel durch und furzte ungeniert im Fahrstuhl. Es war schlicht nicht möglich, in seiner Anwesenheit konzentriert zu arbeiten. Jackson fehlte dafür offenbar jegliches Verständnis. Er bestand darauf, dass ich den Hund mitnahm, denn so sei es verabredet gewesen, bevor wir ihn angeschafft hatten und vergaß offenbar den Hintergrund dieser Abmachung: Wir hatten vereinbart, dass der Hund mich in den Verlag begleiten könnte, falls Jackson einen Job finden und deshalb nicht mehr den ganzen Tag zu Hause sein würde.

Unser Familienmitglied war gerade ein Jahr alt, als Jackson mir ein Ultimatum setzte: Würde Eddie nicht innerhalb der nächsten sechs Monate Gehorsam lernen, müssten wir ihn weggeben. Ich war wütend und panisch zugleich und konnte nicht rational denken, denn natürlich hätte er mir den Hund nicht einfach wegnehmen können.

Dennoch ließ ich mich unter Druck setzen. Sooft es ging, nahm ich Eddie mit ins Büro, holte die verlorene Arbeitszeit an den Wochenenden nach und meldete mich in der Hundeschule an. Zweimal die Woche fuhren wir eine Stunde zum Hundeplatz und wieder zurück, um mit Eddie die Grundkommandos zu üben und ihn auszulasten. Während ich aber auf dem Platz trainierte, langweilte sich Jackson, trank Bier im Vereinsheim des Hundeclubs und maulte auf dem Rückweg vom Beifahrersitz, dass wir zu viel Zeit für den Hund verschwendeten. Ich war am Ende meiner Kräfte – und Jackson nutzte meine Verzweiflung aus. Er überredete mich, einen teuren Hundeerzieher anzuheuern, der zu uns nach Hause kommen und Eddie Gehorsam beibringen würde. Er hatte schon immer eine unangenehme, schwer greifbare Art, mich zwar nach meiner Meinung zu fragen, mir aber gleichzeitig keine andere Wahl zu lassen, als ihm zuzustimmen.

Schon nach dem ersten Treffen mit dem vermeintlichen Hundeflüsterer wollte ich einen Rückzieher machen. Seine Methoden gefielen mir nicht. Er belohnte nie und bestrafte hart. Er war gewalttätig und arrogant. Seine eigenen Hunde fürchteten sich vor ihm und er versuchte mir einzureden, dass Eddie gefährlich war. Ich glaubte ihm kein Wort, aber er hatte Jackson längst überzeugt, der wiederum keine Gelegenheit ausließ, mich daran zu erinnern, dass die sechsmonatige Schonfrist, die er unserem Hund gegeben hatte, langsam ablief. Er adaptierte die Methoden des Trainers schnell und meinte, echte Fortschritte zu machen. Eddie litt unter der unbekannten Härte, wurde ängstlich und verhaltensauffällig. Ich flehte Jackson an, tobte dann wütend, bettelte wieder, aber erreichte nichts. Erst, als die Situation eskalierte, kam er zur Besinnung. Bei einem begleiteten Spaziergang klemmte der Hundeerzieher Eddie zwischen sich und einem Zaun ein und bestrafte ihn so gewalttätig für das Ziehen an der Leine, bis er sich tatsächlich wehrte. Er kam weder vor noch zurück und der Trainer provozierte ihn so lange weiter, bis er in dieser ausweglosen Lage endlich zuschnappte. Seiner Meinung nach hatte er damit den Beweis für die Notwendigkeit seiner Dienste erbracht – und Jackson und ich waren ausnahmsweise einmal einer Meinung, aber nicht seiner. Wir entließen ihn auf der Stelle. Noch bevor der Alltag wieder einkehren konnte, wurde Eddie krank. Er vertrug kein Futter mehr, nahm immer weiter ab und konnte nichts bei sich behalten. Der Tierarzt war ratlos. Er spritze ihm einen Medikamentencocktail und löste damit einen schweren allergischen Schock aus, den Eddie nur knapp überlebte. Tagelang schwebte er zwischen Leben und Tod, hing in der Klinik am Tropf und konnte nicht einmal auf seinen eigenen vier Beinen stehen. Als er wieder zu Hause war, schlief ich mit ihm auf dem Boden, um ihn zu wärmen, recherchierte sämtliche Behandlungsmethoden, die ihm helfen konnten und wurde das Gefühl nicht los, dass Jackson hoffte, unser Hund würde nicht überleben. Immer wieder sprach er von Eddie, als hätte er ihn längst abgeschrieben. Um es abzukürzen: Eddie schaffte es, blieb aber eine Art Pflegefall. Fortan benötigte er spezielles Futter, musste anfangs fünfmal am Tag versorgt werden und blieb leicht inkontinent. Jackson machte mich in dieser Zeit unglaublich wütend. Er drängte darauf, den Hund nicht zu verhätscheln und hielt es für wichtiger, dass die Wohnung ordentlich aussah, als dass Eddie ein bequemes Krankenlager hatte, von dem er keine Druckstellen bekam. „Ich wollte keine Kinder", erinnerte er mich mahnend und meinetwegen hätte er jetzt gewissermaßen doch eines, was auch noch „behindert" sei, wie er es nannte.

Nach ein paar Monaten begann sich Eddie zu erholen und auch ich hatte langsam wieder Nerven für andere Dinge. Vor allem sah ich Jackson jetzt in einem neuen Licht. Eddie hatte mir die Augen geöffnet: Als Herrchen und Ehemann hatte Jackson versagt. Er war kalt und grausam zu unserem hilflosen Hund und zu mir gewesen und hatte mich nicht unterstützt, als ich seine Hilfe am dringendsten benötigt hatte. Und trotzdem schaffte er es, mir die Schuld dafür zu geben. Er warf mir vor, nun endgültig ans Haus gebunden zu sein, da „meinen" Hund pflegebedürftig war und ich ihn nicht mehr zur Arbeit mitnehmen konnte. Aus Gründen, die ich heute nicht mehr nachvollziehen kann, dachte ich tatsächlich, dass ich es war, die ihm diese Last aufgebürdet und ihn seiner Freiheiten beraubt hatte. Es gelang mir einfach nicht, mich von den Schuldgefühlen zu lösen, aber ich begann Jackson dafür zu verachten, dass er sie in mir auslöste.

Je weniger ich für ihn empfand, umso größer wurde meine Liebe zu Eddie. Er war trotz der Sorgen, die er verursachte, warm, anhänglich und liebevoll. Er war aufmerksam und spürte, wenn ich traurig war. Er liebte mich bedingungslos. Eddie gab mir alles, was ich von Jackson nicht bekam.

17

Sehnsucht nach Stadtleben

Mit Eddie fiel Jackson zu Hause die Decke auf den Kopf. Ihn packte eine Unzufriedenheit, die er wie eine Waffe vor sich hertrug. Jeder, der sich ihm in den Weg stellte, bekam sie schmerzhaft zu spüren. Der Hund war ihm vollends lästig geworden, das Landleben hatte er satt, die Sonne war ihm zu heiß und die Nachbarn gingen ihm auch auf die Nerven. Er sehnte sich nach Stadtleben, sagte er und ich glaubte, ein Tapetenwechsel könnte tatsächlich etwas an seinem beunruhigenden Zustand ändern. Immerhin war er vor unserem Umzug von Berlin nach Baden-Württemberg vor nunmehr fünf Jahren deutlich erträglicher gewesen. Jetzt war nicht einmal mehr an ein bloßes Auskommen mit ihm zu denken. Mittlerweile war der Alltag zum Albtraum geworden. Mit einem engen Korsett aus Kontrollen und Regeln nahm er mir die Luft zum Atmen. Es war mir verboten, auf dem Sofa zu essen, tagsüber musste an Urlaubstagen und Wochenenden der Fernseher ausbleiben und selbst Eddie durfte sich beim Gassigehen nicht mehr schmutzig machen.

Natürlich war ich unglücklich. Selbstverständlich war ich desillusioniert. Genauso offensichtlich war ich aber auch abhängig – und von einer vermeintlichen Ausweglosigkeit überzeugt.

Inzwischen hatte ich mich an diese Gefühle gewöhnt. Sie waren mir vertraut und begleiteten mich bereits eine Weile. Ich war mir mittlerweile sogar sicher, ohne Jackson noch einsamer zu sein als mit ihm und bestimmt war ich nicht in der Lage den Alltag zu bewältigen, geschweige denn, mich neben der Arbeit um Eddie zu kümmern. Immerhin versorgte er den Hund inzwischen tagsüber zumindest notdürftig. Keimten dennoch Zweifel auf, war da noch diese Überzeugung, nach so vielen Jahren nicht einfach gehen zu können, die sie wieder erstickte. Viel zu oft hatte ich die Beziehung und Jacksons Verhalten gerechtfertigt, als mir jetzt eingestehen zu können, dass ich vielleicht von Anfang an falsch gelegen hatte. Und überhaupt: Welche Ehe war schon perfekt?

Als sich die Möglichkeit ergab, mich beruflich nach München versetzen zu lassen, zögerte ich nicht lange. Für mich war es Schicksal – und die Lösung unserer Probleme. Ich sah eine Stadt voller Möglichkeiten. Vielleicht würde Jackson sogar einen Job oder zumindest ein paar Freunde finden. Wie so oft konnte ich aber nicht einschätzen, wie er den Vorschlag aufnehmen würde. Dieses Mal war meine Sorge unbegründet. Er stimmte sofort zu. Jackson freute sich auf das Stadtleben, ich hoffte auf einen Neuanfang und wir beide blickten München gut gelaunt entgegen. Plötzlich schmiedeten wir Pläne statt zu streiten und Eddie bekam von Jackson sogar zwei neue Halsbänder in den typisch bayerischen Farben Blau und Weiß geschenkt. Ich schöpfte Hoffnung.

Von meinen Kollegen und Chefs wusste ich, dass es beinahe unmöglich war, in München eine bezahlbare Wohnung zu finden. Erst recht, in so kurzer Zeit, denn ich sollte bereits in zwei Monaten dort anfangen. Jacksons Vorfreude war in der Zwischenzeit wieder verflogen und seinem üblichen Umzugs-Wahnsinn gewichen. Auf seine Unterstützung bei der Wohnungssuche konnte ich nicht zählen. Er gab vor, nicht einmal die simpelsten Suchkriterien in die gängigen Portale tippen zu können, weil ihm die Sprachbarriere im Weg stand. Kritik üben an meiner Vorauswahl konnte er allerdings: zu teuer, zu große Fenster, zu viele Nachbarn … Ich fühlte mich an Hamburg erinnert und beschloss, einfach Fakten zu schaffen, bevor die Situation wieder eskalierte. Die Besichtigungen in München fanden ohnehin notgedrungen ohne ihn statt und das Glück meinte es unfassbar gut mit uns. Nach sechs Wochen konnten wir tatsächlich umziehen.

Unsere Münchner Wohnung war wunderschön: Fünf Zimmer auf zwei Etagen, Echtholz-Parkett mit Fußbodenheizung, zwei Bäder, Designer-Küche, Tiefgarage, Galerie und Dachterrasse. Sie lag in einem begehrten, grünen Stadtteil und war der ideale Ausgangspunkt für Waldspaziergänge mit Eddie. Es gab einen Fahrstuhl, damit der Hund keine Treppen steigen musste und zur Arbeit brauchte ich von einer Tiefgarage zur anderen mit dem Auto nur knapp 20 Minuten. Vor der Tür hielt sogar ein Bus, der Jackson für seine Ausflüge direkt in die Innenstadt bringen würde. Die Vorteile hielten ihn trotzdem nicht davon ab, sich zu beklagen. In der Wohnung gab es einige Dachschrägen und ich hatte seiner Meinung nach nicht ausreichend Rücksicht darauf genommen, dass er doch nie wieder in eine Wohnung einziehen wollte, die Dachschrägen besaß. Was für ihn ein echtes Problem zu sein schien, war für mich Jammern auf hohem Niveau. Da wir die letzten Wochen aber deutlich besser miteinander ausgekommen waren, schwieg ich für den lieben Frieden, obwohl mir ausreichend Argumente einfielen, um einen Streit vom Zaun zu brechen: Die Wohnung bot genügend Platz für Jacksons Vintage-Sofa samt Sessel aus England, auch wenn auf ihnen nie jemand Platz nahm, weil sie nicht nur furchtbar unbequem, sondern auch noch hellbeige bezogen und deshalb schrecklich fleckenempfindlich waren. Seine Gitarrensammlung, die dank meines guten Gehalts auf mittlerweile 13 Stück angewachsen war und alle dazugehörigen Verstärker und Effektgeräte fanden endlich ebenfalls ausreichend Stauraum auf den knapp 170 Quadratmetern. Mit einer Miete von 2.600 Euro war die Wohnung außerdem auch kein Schnäppchen und sicher keine Selbstverständlichkeit für einen Alleinverdiener. Dieses Glück, so im Luxus leben zu können, erwähnte Jackson damals nicht. Und auch später nie. Die harte Arbeit, die ich leiste, um diesen Wohlstand finanzieren zu können, erst recht nicht. Ich hoffte, dass er sich wieder etwas entspannen würde, wenn wir erst richtig angekommen waren, aber stattdessen wurde es immer schlimmer. Nach wenigen Wochen hatte er sich selbst in einen über jedes normale Maß hinaus strukturierten Tagesablauf hineingesteigert, aus dem ich ihn nicht befreien konnte. Ich verstand nicht, warum er selbst die einfachsten Dinge verkomplizierte, um als Folge darüber zu klagen, dass er entschieden zu viel zu tun hätte und seine Aufgaben zu aufwendig seien. Jetzt gab es wirklich einen Grund zur Sorge, denn wenn ich ihn darauf ansprach, reagierte er aggressiv und betete mir genervt seine Verantwortlichkeiten herunter: Zweimal pro Woche putzte und saugte er die gesamte Wohnung, lehnte aber ab, sich selbst die Arbeit zu erleichtern, in dem er den Staubsaugerroboter anstellte, den ich ihm gekauft hatte. Alle zwei Stunden führte er den Hund für 15 Minuten Gassi, weil er meinte, das müsse so sein, dabei musste Eddie nicht mehr als viermal am Tag vor die Tür und ich übernahm mit der ersten und der letzten bereits zwei der Gassirunden. Er wusch und trocknete täglich mehrere Ladungen Wäsche, obwohl wir so viel Kleidung besaßen, dass wir damit ein ganzes Ankleidezimmer füllen konnten. Selbst für den Hund hatten wir genügend Decken angehäuft, um sein Körbchen damit einen Monat lang jeden Tag neu auslegen zu können, ohne einmal waschen zu müssen. Eddies Spezialfutter bereitete er täglich zu, anstatt gleich für eine Woche im Voraus und während der Hund zwischen den häufigen Gassirunden schlief, schlich Jackson auf Zehenspitzen durch die Wohnung und erlaubte sich selbst nicht, Geräusche jeglicher Art zu machen, um ihn nicht aufzuwecken. Er war wie im Wahn. Fragte ich nach dem Warum oder wagte Änderungsvorschläge zu machen, schlug mir seine Antwort jedes Mal wie eine Faust ins Gesicht: „Weil es mit DEINEM Hund eben nicht anders geht." Es war beängstigend. Obwohl Eddie mittlerweile viel ruhiger und umgänglicher geworden war, blieb er für die Wurzel allen Übels.

Ich wusste nicht mehr weiter, aber ich hatte auf der Arbeit mehr denn je zu tun und keine Kapazitäten für vermeidbare Diskussionen zu Hause. Mit der Versetzung nach München hatte ich ein weiteres Aufgabengebiet inklusive Gehaltserhöhung erhalten – samt dem Eindruck, dass das nicht allen Kollegen gefiel. Regelmäßig wurde ich zur Zielscheibe von Mobbing. Mein altes Team sah mich als Überläufer und die neuen Kollegen in München nahmen mich als feindlichen Spion wahr. Hinter jedem Schreibtisch lauerten Intrigen und ich hing zwischen den Stühlen. Und ich war nicht nur mit diesem Problem allein. Zu Hause wartete Jacksons Dilemma darauf, gelöst zu werden. Allabendlich ließ er sich darüber aus, wie sehr der Hund ihn nervte und dass er seinetwegen die Wohnung nicht verlassen konnte. Zwar war Eddie durchaus in der Lage einige Stunden allein zu bleiben, aber da Jackson nicht von dem zweistündigen Gassigeh-Rhythmus abrückte, war die Zeitspanne, die ihm für einen Besuch in der Innenstadt blieb, zugegeben recht kurz. Ich schlug ihm vor, am Wochenende tagsüber auf Eddie aufzupassen, sodass Jackson sich etwas erholen oder zum

Shoppen in die Stadt fahren konnte. Allerdings kann ich heute an einer Hand abzählen, wie oft er das tatsächlich in den drei Jahren, die wir in München lebten, getan hat. Und jedes Mal, wenn er von seinen Ausflügen zurückkam, regte er sich über die Menschen, die Geschäfte, die schlechte Luft oder unfreundliche Verkäufer auf und schwor, nie wieder in die Stadt zu fahren, so wie er geschworen hatte, nie wieder in eine Wohnung zu ziehen, die Dachschrägen besaß.

Ich hatte das Gefühl, nichts richtig machen zu können. Immer, wenn ich etwas anpackte, endete ich wieder dort, wo ich angefangen hatte. Alles blieb beim Alten. Jackson blieb zu Hause und beklagte sich weiter wie eine Spielerfrau, die zwar alles hatte, aber dennoch nicht zu frieden zu stellen war. Ich flüchtete mich in noch mehr Arbeit und bekam als Folge nur noch mehr Beschwerden darüber zu hören, dass ich zu selten zu Hause war. Es war ermüdend. Nicht nur deshalb sackte ich an den meisten Abenden unter der Woche erschöpft vor dem Fernseher auf dem Sofa zusammen und schaffte es nach dem Essen nicht einmal mehr, eine Folge meiner aktuellen Lieblingsserie bis zum Ende zu schauen. Aber jedes Mal, wenn mir die Augen zufielen, weckte mich Jackson wutentbrannt auf, um mir zu sagen, dass der Fernseher künftig auch abends ausbliebe, da ich nicht in der Lage war wach zu bleiben. Ich war zu erschöpft, um mich zur Wehr zu setzen. Fortan hielt ich also unter großer Anstrengung die Augen bis 22 Uhr auf, ging die letzte Runde mit dem Hund und fiel dann todmüde ins Bett. Morgens stand ich um halb sechs auf, ging die erste Runde mit Eddie, duschte, bis ich wach wurde und fuhr ohne Frühstück zur Arbeit. Ich war an einem Punkt angekommen, an dem ich mich schon freute, morgens das Haus verlassen zu können. Immer wenn ich in den Fahrstuhl zur Tiefgarage stieg und sich die Tür hinter mir zuschob, seufzte ich erleichtert.

Zu Hause fiel mir mittlerweile die Decke auf den Kopf und mich packte eine Unzufriedenheit, die ich andere nicht spüren lassen wollte. Es war schlimm genug, dass sie mich konsumierte.

18

Stiller Schrecken in München

Wir waren noch kein ganzes Jahr in München, als Jacksons Unzufriedenheit kuriose Züge annahm. Er begann, immer häufiger von Berlin zu schwärmen. Er schwelgte in Erinnerungen an die Zeit vor unserer Hochzeit, die er offenbar romantisierte, denn er blendete vollkommen aus, dass ich mit einem damals deutlich geringeren Gehalt oft Mühe hatte, alle unsere Wünsche zu erfüllen. Zugegeben war Jackson damals unabhängiger und konnte tagsüber ohne Probleme die Stadt erkunden, aber das Geld reichte keineswegs für ein Leben in Saus und Braus, geschweige denn für regelmäßige Flüge nach England, um seine Eltern zu besuchen. Außerdem gab es in der letzten Berliner Wohnung ebenfalls Dachschrägen, die ihm schon damals regelmäßig die Stimmung verhagelten. Dennoch schwor er sich oder uns aus heiterem Himmel, dass alles wieder besser würde, wenn wir erst wieder zurück nach Berlin zögen, als wären wir nicht in München, sondern direkt in der Hölle gelandet.

Für mich wirkte Jacksons Verhalten bizarr. Und beunruhigend. Ich machte mir Sorgen um ihn. Zu keinem Zeitpunkt hatten wir darüber gesprochen, wieder nach Berlin zu ziehen – und wir waren gerade erst in München angekommen. Mit meinem Ersparten und seiner ausgezahlten privaten Altersvorsorge aus England plante er aber nun, eine Wohnung in Berlin zu kaufen. Am liebsten gemeinsam mit meinen Eltern, die von seinem Vorhaben zwar nichts wussten, aber in Jacksons Vorstellung bereits fester Bestandteil dieses Projektes war. Als sie mit Blick auf den damals schwierigen Immobilienmarkt dankend ablehnten, war er zwar geknickt, ließ aber trotzdem nicht locker. Anfangs schreckte ihn der Gedanke noch ab, ohne das Kapital meiner Eltern eine Hypothek aufnehmen zu müssen. Lieber wollte er eine Wohnung sofort bezahlen können. Jetzt dachte er aber sogar über Finanzierungsmöglichkeiten nach. Ich sah mein hart erarbeitetes Geld schwinden und irgendetwas in mir sträubte sich dagegen, gemeinsam mit Jackson eine Immobilie zu kaufen. Wir waren zwar verheiratet und lebten zusammen, aber gemeinsam eine Eigentumswohnung zu erwerben, schien mir dagegen wie ein Pakt für die Ewigkeit, den ich nicht bereit war abzuschließen. Ich versuchte ihn mit rationalen Argumenten aus der Reserve zu locken. In Berlin gab es aktuell keine beruflichen Chancen für mich und durch meine Beförderung hatte ich gerade erst neue Aufgaben übernommen. Ich verdiente gut, wir lebten in der gehobenen Mittelklasse und obwohl Jackson keine Anstalten mehr machte, wenigstens noch so zu tun, als würde er eines Tages wieder arbeiten, mussten wir uns keine Sorgen um finanzielle Engpässe oder meine Entlassung machen. Es reichte für das gute Leben – aber nicht für Jackson. Er mochte München einfach nicht, sagte er und hielt unbeirrt an seiner Überzeugung fest, dass ich sicher einen Job in Berlin finden würde, wenn ich es nur wollte. Er schien völlig verblendet und seine Ignoranz nervte mich. Ich wurde den Eindruck nicht los, dass er um jeden Preis an der Vergangenheit festhalten wollte und sich Neuem gegenüber verschloss.

Auch technischen Fortschritt lehnte er weitestgehend ab.

Das neue MacBook und iPhone, welche mir der Verlag zur Verfügung gestellt hatte, nahm er zum Anlass sich über mich lustig zu machen. Er nannte mich einen Technik-Nerd und meinte, dass Menschen, die Apple-Produkte nutzten, nur zu dumm und zu faul für PC und Android waren. Nur unter Protest hatte Jackson selbst erst vor ein paar Jahren ein Smartphone akzeptiert und benutzte seit Kurzem auch ein Tablet, seit sein alter Laptop den Geist aufgegeben hatte. Er kaufte immer noch CDs, wehrte sich gegen Streaming und smarte digitale Lösungen und verbot mir, einen Sprachassistenten für zu Hause anzuschaffen. Immer wieder musste ich an die Computer-Aversion seiner Eltern denken, mit denen er mittlerweile beinahe täglich telefonierte. Nachdem er sich selbst davon überzeugen konnte, dass der Besitz eines Tablets nicht zwangsläufig zu Haarverlust führte, hatte er seinen Eltern ebenfalls eines besorgt und sie und sich für Videotelefonie begeistert. Eine Leidenschaft, die ich nicht teilte. Verlangte Jackson an den Wochenenden, dass ich neben ihm saß und in die Kamera winkte, während er mit seinen Eltern telefonierte, verkroch ich mich entweder unter einer Decke auf dem Sofa oder gab vor, im Schlafzimmer ein Nickerchen zu machen. Ich hatte schlicht keine Lust übermüdet, blass und ungeschminkt belanglose Konversation per Video zu führen und wollte meine Ruhe haben.

Die Wochenenden waren anstrengend genug. Samstags nach dem Einkaufen sollte ich die restliche Hausarbeit erledigen, die Jackson immer für mich übrig ließ, damit ich „auch mal etwas im Haushalt" tat. Am Sonntag fielen mir dann sämtliche administrative Aufgaben zu, da sich Jackson nicht einmal in der Lage sah, meine Post, die er ungefragt öffnete, auch in die entsprechenden Ordner abzuheften. Er strukturierte meine Tage mit Arbeitsanweisungen: Boden wischen,

Hund bürsten, Schuhe aufräumen, Ablage machen. Folgte ich nicht, reagierte er gereizt und beschwerte sich, dass ich an den Wochenenden entweder nicht anwesend sei oder zu viel schlafen würde. Woher meine chronische Erschöpfung aber stammte, fragte er nicht. Dafür fragte ich mich mittlerweile, warum Jacksons Verhalten immer grotesker wurde. Plötzlich gab es bestimmte Häuser in der Nachbarschaft, an denen er auf den Gassirunden mit Eddie nicht mehr vorbeigehen konnte. Die Begründung, die er zum Besten gab, war absurd: Die Bewohner dieser Häuser hätten über ihn gelacht, sagte er. Ich kannte diese Nachbarn nicht einmal und war mir sehr sicher, dass auch Jackson noch nie direkt mit ihnen in Kontakt gekommen war. Sie sollen sich aber darüber lustig gemacht haben, dass der Hund ihm angeblich auf der Nase herumtanzte und er nichts Besseres zu tun hatte, als tagsüber Gassi zu gehen. Ich fühlte mich an sein irrationales Verhalten bei der Musiknacht in Offenburg erinnert – und an den Verfolgungswahn seines Vaters. Bat ich ihn, sich zu beruhigen und die Situation sachlich zu bewerten, bekam er regelrechte Wutausbrüche. Also ließ ich es auf sich beruhen.

Jacksons Aggressionen hatten zu diesem Zeitpunkt überhandgenommen. Nie wusste ich, wann er wieder in die Luft gehen oder wie schnell seine Laune kippen würde. Er tobte, wenn der Hund nicht spurte, grollte, wenn ich seinen Anweisungen nicht Folge leistete und nun verfiel er in Rage und Rachefantasien, weil ihn Nachbarn entweder zu sehr beachtet oder möglicherweise völlig ignoriert hatten. Das ging wirklich zu weit. Er muss gewusst haben, dass er mit seinen Anfällen eine Grenze überschritten hatte, denn eines Tages präsentierte er mir aus heiterem Himmel stolz eine Lösung: ein Stressarmband. Es sollte ihn daran erinnern, nicht wütend zu werden. Immer, wenn er spürte, wie die Hitze in ihm aufstieg, erklärte er mir, würde er auf dieses Stückchen schwarze, geflochtene Polyester-Schnur an seinem Handgelenk schauen und ruhig bleiben. So einfach sei das. Ich wusste nicht, wie ich angemessen darauf reagieren sollte und machte mir noch mehr Sorgen. Allerdings nicht mehr nur um Jackson.

19

Zwischen Wahnsinn und Wirklichkeit

Der Wahnsinn wurde sein Mantra. Als würde er Dinge durch bloße Wiederholungen Wirklichkeit werden lassen können, sprach Jackson nun nicht mehr nur von einem Umzug nach Berlin, der nicht geplant war. Plötzlich fantasierte er auch von einer Zukunft ohne Eddie. Ausgelassen und übermütig träumte er von einer Wohnung ohne Hundekörbchen und Futterkrümel, davon abends ausgehen und morgens ausschlafen zu können. Unser Hund war allerdings gerade erst vier Jahre alt geworden und hatte sich gut erholt. Man sah ihm nicht mehr an, dass er lange mit dem Tod gerungen hatte. Einzig die leichte Inkontinenz, die ihn an schlechten Tagen im Schlaf heimsuchte, erinnerte noch an die schwierige Zeit. Ob das ausschlaggebend für Jackson war, von Eddies Ableben zu träumen, kann ich nicht mit Sicherheit sagen. Ich erinnere mich aber sehr genau daran, dass es für ihn Grund genug war, den Hund zu quälen: Damit er trocken blieb, verweigerte er ihm das Trinkwasser. Immer wieder erlebte ich, wie er den Hund durstig vor dem trockenen Napf winseln ließ. Gab ich ihm Wasser, flippte Jackson jedesmal regelrecht aus. Erst herrschte er mich an, dann den Hund.

Es brach mir das Herz, Eddie so zu sehen – und Jacksons Wahnsinn widerte mich mittlerweile an. Ich recherchierte die normale Trinkmenge eines ausgewachsenen Hundes mit Eddies Bewegungspensum und Futterration, um Jackson zu beweisen, dass der Hund keineswegs zu viel trank. Außerdem ging er ohnehin alle zwei Stunden mit ihm Gassi, musste also tagsüber keine Pfützen in der Wohnung befürchten. Doch Jackson verbat sich jegliche Diskussion. Was er ihm möglicherweise antat, wenn ich nicht zu Hause war, wusste ich nicht, aber was ich mitansehen musste, ließ mich Schreckliches befürchten. Als Jackson aber auch noch begann makabere Andeutungen zu machen, lagen meine Nerven endgültig blank. Mal sagte er, dass Eddie nun alt genug wäre, um endlich ausziehen zu können. Dann drohte er damit, den Hund an den Zirkus zu verkaufen – als Löwenfutter. Schließlich kündigte er an, Eddies Leben selbst zu beenden, wenn er nicht endlich gehorsamer und pflegeleichter werden würde. Es fiel mir zunehmend schwer, zwischen Provokationen und seinen aggressiven Ausbrüchen zu unterscheiden. Würde er Eddie tatsächlich ohne mein Wissen aussetzen? Wie weit würde er gehen? Jackson wurde jedenfalls nicht müde, immer wieder zu betonen, dass niemand mit Sicherheit sagen konnte, wie lange Eddie überhaupt noch lebte und warnte mich davor, jemals wieder einen neuen Hund anzuschaffen. Weinte ich vor Verzweiflung über diese Absurditäten, die Jackson von sich gab und auf die ich keine passenden Antworten fand, tröstete er mich damit, dass er mir nach Eddies Tod ein gerahmtes Bild von einem Hund als Ersatz kaufen würde.

Für ihn war Eddie ein gefräßiges schwarzes Loch. Er verschlang Zeit und vor allem Geld und Jackson empfand generell jeden Euro, der für den Hund ausgegeben wurde, als reinste Verschwendung.

Die Sparsamkeit hatte er mit seinen Eltern gemein. Über die Jahre entwickelte er allerdings etwas, dass ich nur als ein extremes Schwanken zwischen Geiz und Gier beschreiben kann – je nachdem, ob es um ihn oder andere ging.

Dem Hund gönnte er wenig. Und auch mich kritisierte er für angeblich exzessives Shopping. Zwar bestellte ich online häufig Kleider, Schuhe und Taschen in größeren Mengen, schickte sie aber in ähnlich großen Mengen wieder zurück. Ich war kostenbewusst, was meine äußere Erscheinung anging. Die Teile, die ich behielt, waren durchweg günstig. Ich trug keine Designer-Kleidung und besaß keine Handtasche, die mehr als 40 Euro kostete. Selbst meine Schuhe waren allesamt von unbekannten Herstellern und lagen daher im unteren Preissegment. Jackson dagegen trug fast ausschließlich Markenkleidung und -Schuhe. Dennoch unterstellte er mir, nicht mit Geld umgehen zu können und verlangte deshalb, dass ich ihm alle meine Ausgaben offenlegte. Das war neu. Und übergriffig. Zu jeder Zeit hatte ich betont, dass es sich um unser Geld handelte, unabhängig davon, dass nur ich es verdiente. Schon seit Jahren besaß Jackson eine Geldkarte für mein Konto und ich hatte ihm sogar eine Generalvollmacht erteilt. Zu keinem Zeitpunkt wäre mir aber in den Sinn gekommen, ihn zu fragen, wofür er unser Geld ausgab, geschweige denn ihn für seine teure Gitarrensammlung inklusive des umfangreichen Zubehörs anzuzählen. Nach meinem Empfinden handelte es sich dabei um absolut unnötige Anschaffungen, denn weder spielte Jackson in einer Band, noch war er in anderer Weise Musiker. Trotzdem häufte er teures Musik-Equipment an, als würde er demnächst mit den Foo Fighters auf Tour gehen. Dennoch war ich angeblich diejenige, die verschwenderisch lebte und kontrolliert werden musste. Davon war er überzeugt. Er wiederholte es immer wieder: „Du bist nicht in der Lage, mit Geld umzugehen und ich kann dir nicht vertrauen."

Es stimmte nicht, aber was Jackson sagte, wurde wahr. Wenn auch nur für ihn. Es war Wahnsinn, aber es war meine traurige Wirklichkeit.

20

Der Horror hinter der perfekten Fassade

Ich trauerte, ohne genau zu wissen, um was, und ich litt, ohne eine Ahnung zu haben, woran eigentlich. Alles, was ich spürte, waren eine anhaltende Unruhe und gleichzeitig eine überwältigende Müdigkeit, die mich in einem düsteren Duett immer weiter zermürbten. Etwas stimmte nicht mit mir, davon war ich überzeugt. Zwar empfand ich Jacksons Verhalten mir gegenüber als ungerecht, aber mich plagten dennoch immer häufiger Zweifel, ob ich es vielleicht nicht anders verdiente. Hatte Jackson recht und konnte ich in der Tat nicht mit Geld umgehen? Vielleicht hatte er wirklich nur mein Bestes im Sinn. Und möglicherweise war ich tatsächlich schuld an seiner sozialen Isolation, wie er es behauptete. Ich war verwirrt – und zu müde, das Rätsel zu lösen. Nur bei einer Sache war ich mir ganz sicher: In keinem Fall wollte ich so aussehen, wie ich mich fühlte.

Ich erschuf eine neue Version von mir selbst: glücklich, gesund und vor allem sorglos. Jeden Morgen ging ich vor der Arbeit joggen und spät abends machte ich Kraftsport. Dazwischen ernährte mich gesund, verzichtete gänzlich auf Alkohol und Zucker, putschte mich aber mit Wachmachern, um dennoch genügend Energie zu haben, auf der Arbeit alles geben zu können.

Schon bald brachte ich fast 20 Kilo weniger Gewicht auf die Waage und musste meine gesamte Garderobe erneuern. Nun trug ich ausschließlich enge, aber hochgeschlossene Kleider oder Röcke mit schlichten Blusen und Highheel-Stilettos. Klassisch, kühl, kämpferisch. Es war meine Rüstung. Sie verbarg meinen Kummer und meine Unsicherheit. Nach außen gab ich mich stark und selbstbewusst – und machte es damit auf der Arbeit nur noch schlimmer. Alle sahen in mir entweder die Businessfrau, die so hart im Nehmen war, dass man ihr noch mehr Arbeit aufladen konnte, oder eine Perfektionistin, die sie dafür hassten, dass sie versuchte makellos zu sein. Ich erntete Bewunderung und Verachtung gleichermaßen, aber ich genoß die Aufmerksamkeit, die ich zu Hause nicht bekam.

Den Horror, der hinter meiner perfekten Fassade lauerte, sah niemand. Zu Hause ließ mich Jackson nämlich deutlich spüren, was er von meiner Transformation hielt: Da ich wieder begonnen hatte, Fleisch zu essen, bezichtigte er mich der Tierquälerei und rügte mich dafür, nicht an die Umwelt zu denken. Da seine Kritik keine Wirkung zeigte, versuchte er mir eine Essstörung einzureden. Er recherchierte Symptome und Fälle und schließlich informierte er aus vermeintlicher Sorge sogar meine Eltern. Selbst heute kann nicht genau sagen, ob er wirklich davon überzeugt war, dass ich Hilfe benötigte oder ob es ihm nur darum ging, wieder Kontrolle über mich zu erlangen. Da ich damals aber keinerlei Einfluss auf sein Verhalten hatte, blieb mir nur, mich selbst zu kontrollieren – und das tat ich. Obsessiv.

Ich optimierte meine Optik, bis ich meinem Spiegelbild Glauben schenkte. Alle vier Wochen ging ich zum Friseur, damit jedes Haar perfekt saß und in sattem dunkelbraun gefärbt glänzte.

Jedes Wochenende manikürte und lackierte ich mir die Nägel in immer demselben klassischen Rot. Und samstags machte ich nach dem Einkaufen einen kurzen Abstecher ins Solarium und frischte meinen Teint auf. Es funktionierte: Ich fühlte mich, als würde ich fliegen. Jackson holte mich aber immer wieder unsanft auf den Boden seiner Tatsachen zurück. Er wollte genau wissen, wie viel Geld ich für mich ausgab und nötigte mich, ihm alle Abbuchungen und Belege vorzulegen, damit er sie haarklein analysieren und zusammenrechnen konnte. Es war degradierend. Der Friseur wäre zu teuer, den Nagellack gäbe es günstiger und Solarium, das müsste nun wirklich nicht sein, urteilte er vernichtend. Anstatt zu widersprechen, hob ich fortan beim Einkaufen an der Kasse einfach immer etwas Geld ab und zahlte für meine Selbstoptimierung nur noch bar. So konnte Jackson nicht sehen, wofür ich das Geld ausgab und ich ging dem kräftezehrenden Konflikt aus dem Weg. Und als hätte ich dadurch verhindern können, dass mein inneres Chaos durch die auf Hochglanz polierte Fassade brach, trainierte ich ab jetzt noch härter, arbeitete noch länger und aß noch weniger.

Unter dem schönen Schein schlummerte die traurige Wahrheit dennoch keinesfalls friedlich. Mein Körper rebellierte. Die Aufputschmittel führten zu Herzrasen und Schlafstörungen, gegen die selbst die Schlaftabletten machtlos waren, die ich mittlerweile jeden Abend einnahm. Aufgrund meines geringen Körpergewichts fror ich nun bereits bei 25 Grad im Schatten und war so schwach geworden, dass mir beim morgendlichen Joggen regelmäßig schwarz vor Augen wurde. Auf der Arbeit konnte ich mich kaum noch konzentrieren und an Essen war nicht mehr zu denken. Jegliche Lebensmittel verursachten so starke Magenschmerzen, dass mir nur noch Spezialnahrung blieb.

Und spät abends, wenn alles dunkel und still war, kehrte die Traurigkeit immer wieder zurück und ich litt. Dann, wenn Jackson bereits schlief, kuschelte ich mich auf dem Sofa an Eddie und flüsterte ihm ein Versprechen in die pelzigen Ohren. Ich würde dafür sorgen, dass wir beide glücklich werden, schwor ich und versprach ihm ein schönes Leben ohne Unterdrückung. Es war ein Versprechen, dass ich mir selbst gab. Denn so sehr es sich zwischendurch auch danach angefühlt hatte: Ich flog nicht. Ich befand mich im freien Fall.

21

Auf der Flucht

Ich befand mich im freien Fall – und lebte wie auf der Flucht. Zu Hause fand ich keine Ruhe mehr. Im Ankleidezimmer wartete stets mein halbgepackter Koffer auf mich und die nächste Geschäftsreise. Jederzeit abflugbereit. Immer auf dem Sprung. Immer unter Strom. Unbewusst versuchte ich, so wenig Zeit wie möglich in unserer Wohnung zu verbringen. Was einst so schön, warm und lichtdurchflutet gewirkt hatte, war mir kein Zuhause mehr. Hier konnte ich nicht mehr sein, wer ich war. Kleinigkeiten und Selbstverständlichkeiten fühlten sich in dieser Welt an wie Verbotenes. Schon morgens gab es Streit, weil Jackson nicht einsah, Eddie allein auszuführen, damit ich joggen gehen konnte. Stattdessen musste ich noch früher aufstehen, um beides vor der Arbeit erledigen zu können. Meine Musik, die ich morgens im Bad beim Duschen und Schminken hörte, störte ihn mittlerweile auch so sehr, dass er sie selbst durch die geschlossene Tür nicht mehr ertrug und mich zwang, sie abzuschalten. Trug ich Kopfhörer, warf er mir dagegen asoziales Verhalten vor. Der Duft meines Duschgels stieß ihm ebenfalls auf und wagte ich es, Parfum zu benutzen, lüftete Jackson hektisch, um seinen Ekel deutlich zu machen. Ich fühlte mich in meiner eigenen Wohnung nicht mehr willkommen.

Wenn die Haustür morgens hinter mir ins Schloss fiel, atmete ich jedes Mal erleichtert auf: mindestens zehn Stunden in Freiheit.

Je mehr Jackson mich vertrieb, umso häufiger kritisierte er, dass ich zu wenig Zeit zu Hause verbrachte. Es war zum Verzweifeln. Meine Anwesenheit störte ihn zwar so sehr, dass er mich in der Wohnung wie einen ungebetenen Gast behandelte. War ich aber auf Terminen, rief er mich regelmäßig an, um mir zu sagen, dass ich mehr für unsere Beziehung tun müsste und wir daran arbeiten würden, wenn ich wieder nach Hause käme. Musste ich geschäftlich für ein bis zwei Tage in eine andere Stadt reisen, reagierte er jedes Mal verständnislos und gereizt. Es hagelte Vorwürfe, Unterstellungen und schließlich wurde er kurz vor Reisebeginn sogar krank. Mal war es sein Rücken, der so schmerzte, dass er vorgab, nicht allein mit Eddie Gassigehen zu können. Dann befürchtete er wiederum, er würde aufgrund seines Bierkonsums an Leberzirrhose leiden und verlangte, dass ich ihn ins Krankenhaus brachte, anstatt zu meiner Geschäftsreise aufzubrechen. Einmal behauptete er sogar, sich den Zeh gebrochen zu haben, als ich bereits auf dem Weg zu einem Termin war und wollte mich so zur Rückkehr zwingen. Manchmal versuchte er mir auch einfach nur ein schlechtes Gewissen einzureden, um meine Reisepläne zu durchkreuzen: Der Hund würde unter meiner ständigen Abwesenheit leiden, sagte er dann. Und gelegentlich unterstellte er mir sogar, ihn in Hotels zu betrügen, in der Hoffnung, dass ich zu Hause blieb, um ihm das Gegenteil zu beweisen.

Ich wollte nur noch weg. Hatte ich keine Geschäftstermine, begann ich deshalb, mir welche auszudenken. Anstatt auf Seminaren oder Konferenzen verbrachte ich die Zeit aber allein in einem Münchner Hotel und gönnte mir eine Auszeit vom alltäglichen Wahnsinn. Mal nur einen Abend und eine Nacht, manchmal auch zwei volle Tage. Dann schlief ich tagsüber im Spabereich am Pool oder ließ mich massieren. Da Jackson und ich ohnehin nicht gemeinsam verreisten, dachte ich mir nichts dabei, für solche Tage heimlich Urlaub einzureichen. Zwar führte er seit Kurzem eine Strichliste mit meinen Urlaubstagen, um mich zu kontrollieren und ich wusste, dass er mir spätestens am Jahresende auf die Schliche kommen würde, aber ich benötigte so dringend Ruhe, dass ich diese Tatsache fürs Erste ausblendete.

Der Stress, den die Heimlichtuerei mit sich brachte, ließ die Erholung allerdings schneller wieder verfliegen, als ich Nächte in Wellnesshotels buchen konnte. Ich musste nicht nur meine Badeanzüge immer zuerst aus dem Haus und nach meiner Rückkehr wieder aus dem Koffer schmuggeln, allein das Einchecken war jedes Mal eine Herausforderung. Keinesfalls durften die Hotels mir Werbung nach Hause schicken, also buchte ich notgedrungen unter einer falschen Adresse. Und natürlich musste ich meine Kreditkartenabrechnungen verschwinden lassen, da Jackson immer noch ungefragt meine Post von der Bank öffnete. Um jeden Preis wollte ich verhindern, dass er die Kosten für Übernachtungen oder Spabehandlungen entdeckte und böse wurde – auch wenn ich mich nicht mehr erinnern konnte, wann er das letzte Mal freundlich zu mir gewesen war.

Als ich eines Abends nach zweitägiger Abwesenheit nach Hause kam, erschien es mir umso verdächtiger, dass Jackson mich lächelnd an der Tür begrüßte und mir meinen Koffer abnahm. Er war nett und zuvorkommend – und das flaue Gefühl, das sich in meiner Magengegend ausbreitete, sagte mir, dass etwas nicht stimmte. Das waren keine Schmetterlinge im Bauch, weil mein Mann plötzlich charmant und aufmerksam war. Es fühlte sich eher an, wie ein Fahrstuhl, der zu schnell nach unten fuhr.

Jackson hatte ich gesagt, mit dem Auto für Termine nach Offenburg reisen zu müssen. Tatsächlich hatte ich mir aber freigenommen und einfach einen Tag und eine Nacht in einem Münchner Hotel verbracht. Von dort war ich am nächsten Morgen wieder zurück ins Büro gefahren – und nun nach einem ganz normalen Arbeitstag zu Hause angekommen.

Jackson fragte mich, ob ich mit dem Auto gut durchgekommen sei und fixierte mich. Der Fahrstuhl in meinem Bauch rauschte weiter nach unten. Ich nickte. Dann gab er vor, etwas aus dem Keller holen zu müssen. Ich packte meinen Koffer aus – ahnungslos, dass Jackson nicht in den Keller, sondern in die Garage ging, um den Kilometerstand unseres Autos zu überprüfen.

Als er wieder in die Wohnung kam, fragte er mich, wo ich gewesen sei. Ich verstand die Frage nicht. Schließlich hatte ich mich nicht von der Stelle bewegt und war immer noch dabei, meinen Koffer auszupacken. Jackson starrte mich an und fragte konkreter. Ob ich in Offenburg gewesen sei, wollte er wissen. Er verzog keine Miene. Mein Magen rebellierte und der Fahrstuhl befand sich nun in freiem Fall. Kein Netz. Kein doppelter Boden. Schwindel, Übelkeit, Ohnmacht. Ich war keine gute Lügnerin, aber ich schluckte den Kloß im Hals runter und bejahte so selbstsicher, wie ich es konnte.

Jacksons Wut traf mich plötzlich und heftig. Erst schleuderte er mir einen Zettel mit gekritzelten Zahlen entgegen, auf dem er mithilfe zweier Kilometerstände errechnet hatte, dass ich nur knapp 40 Kilometer gefahren war anstatt der gut 700, die es für die Strecke von Offenburg nach München und zurück hätten sein müssen. Dann spuckte er mir sechs Worte entgegen: „Du betrügst mich mit einem anderen."

Der verbale Kugelhagel ließ mich zu Boden gehen – und plötzlich hatte dieses Flattern im Bauch einen Namen: Angst.

Jackson schien gewaltbereit. Ich sah ihm an, wie er sich nur mit größter Mühe noch zusammenriss. Würde sich alles, was er gerade fühlte, jetzt an mir entladen?

Ich wollte beichten. Dass ich mich in ein Paralleluniversum geflüchtet hatte, weil ich es zu Hause nicht mehr aushielt. Dass seine Regeln und Kontrollen mich erdrückten, und dass ich kreuzunglücklich war. Ich wollte sagen, dass wir uns trennen sollten. Und ich wollte ihn fragen, seit wann er nicht mehr glücklich war, sofern er es jemals gewesen ist. Ich wollte meine Gefühle in Worte gießen, die Wahrheit aussprechen. Aber dazu kam ich nicht. Jackson schrie mich zornig an, die Augen weit aufgerissen, den Wahnsinn in der Stimme: „Er wartet da draußen auf dich, oder? Ist er das in dem Auto? Sag schon?", brüllte er und rannte zum Fenster, um auf ein Auto zu zeigen, in dem ein Mann saß. Ich hatte weder dieses Auto noch den Mann jemals zuvor gesehen. War Jackson tatsächlich der Meinung, ich hätte mental oder seelisch Kapazitäten für eine neue Liebe? Oder dachte er, irgendeine Frau auf dieser Welt wäre so dämlich, ihren Neuen mit nach Hause zu bringen, während der eigene Ehemann noch dort wohnte?

Eddie hatte sich bereits unter den Esstisch verkrochen und gern hätte ich es ihm gleichgetan. Stattdessen kauerte ich immer noch auf dem Boden vor meinem Koffer, umschlang meine Beine mit den Armen und wiederholte immer und immer wieder nur ein einziges Wort: „Geh!" Jackson reagierte nicht.

Zwar hatte er eine Tasche gepackt, wie er mir sagte, machte aber keine Anstalten, die Wohnung tatsächlich zu verlassen. Zuerst rief er seine Mutter an.

Detailliert gab er ihr das Geschehen der letzten 30 Minuten wieder. Ich verstand jedes Wort. Sie wusste offensichtlich von seinem Plan, mich zu konfrontieren und ich ging davon aus, dass er diesen Abend seit einiger Zeit vorbereitet hatte. Das Telefonat beendete er mit den Worten: „Und jetzt hat sie auch noch die Nerven, MICH hinauszuwerfen". Er hatte mich also doch gehört.

Ich nahm meinen ganzen Mut zusammen und verlangte, dass er auf der Stelle die Wohnung verließ. Andernfalls, sagte ich, war ich bereit, die Polizei zu rufen. Doch Jackson schenkte mir nur ein eisiges Lächeln, ging langsam in die Küche, und schob seelenruhig zwei Scheiben Brot in den Toaster. Die Situation war so beklemmend wie eine Szene aus einem Psychothriller. Es gruselte mich. Jackson saß am Esstisch und schmierte sich gemütlich Frischkäse auf die Toastscheiben, als wäre nichts gewesen. Mich würdigte er keines Blickes. Dann ging er ins Schlafzimmer, nahm wortlos seine Matratze von unserem Bett, brachte sie ins Arbeitszimmer, verschloss die Tür und steckte den Schlüssel ein. Schließlich nahm er seine Tasche und ging. Endlich.

Ich rief sofort den Schlüsseldienst an. Mein erster Reflex war es, das Schloss austauschen zu lassen. Allerdings hatte ich weder Bargeld im Haus, um den Notdienst bezahlen zu können, noch hatte ich die Idee sonderlich gut durchdacht, was mir erst im Gespräch mit dem Schlosser auffiel: Sollte ich Jackson einfach vor der Tür stehen lassen? Wenn er wiederkam und sein Schlüssel nicht mehr passte, würde er vermutlich einfach vor der Tür auf mich warten. Wäre es dann nicht besser, mich selbst in Sicherheit zu bringen? In meinem Kopf drehten sich die Gedanken so schnell umeinander, dass mir schwindelig wurde.

Es war nach 22 Uhr und mir fiel außer dem Schlüsseldienst niemand ein, den ich zu dieser späten Stunde noch hätte anrufen können.

Meine Eltern schliefen im 700 Kilometer entfernten Berlin bereits. Und überhaupt: Wie sollten sie mir in der jetzigen Situation helfen können? Für Freunde hatte ich schon lange keine Zeit und Energie mehr übrig und meine Kollegen glaubten, dass mein Leben perfekt war. Unsere Nachbarn hatte Jackson alle vergrätzt und nicht einmal die Polizei kam infrage. Zwar hatte ich Angst, aber Jackson hatte mir nicht direkt gedroht und ich konnte wohl schlecht wegen eines unguten Gefühls den Notruf wählen. Ich kam mir albern vor. Und hilflos. Es war zum Heulen und ich schluchzte hemmungslos in Eddies Fell, als plötzlich das Telefon klingelte. Jackson!

Reflexartig nahm ich ab. Ich weiß noch, wie ich fast automatisch das Handy ans Ohr hielt, aber nichts sagte, sondern nur Jackson hörte. Weit weg. Wattiert. Fremd.

Meine Befürchtung bestätigte sich nicht. Weder wartete er vor der Tür auf mich, noch hatte er vor, zurückzukommen. Er war in einem Billig-Hotel in der Nähe abgestiegen und das spärlich eingerichtete Zimmer muss auf ihn eine ähnliche Wirkung gehabt haben, wie eine Ausnüchterungszelle auf einen Betrunkenen: Er beruhigte sich.

In dem nicht einmal zehnminütigen Telefonat gab sich Jackson einfühlsamer und aufmerksamer als in den 13 Jahren unserer Beziehung bisher. Sein Verhalten tat ihm leid, sagte er und betonte, dass er mich nicht verlieren wollte. Er entschuldigte sich sogar dafür, dass er mich mit meinem beruflichen Stress allein gelassen und meine Probleme nicht ernstgenommen hatte. Das konnte das Leid der letzten Jahre nicht ungeschehen machen. Jackson rang mir aber das Versprechen ab, noch einmal in Ruhe über alles zu reden. Morgen früh würde er wiederkommen und auf Eddie aufpassen, damit ich zur Arbeit fahren konnte, kündigte er an. Und wenn ich wollte, würde er wieder gehen, wenn ich zurückkam. Er wusste, dass ich am Abend auf eine Veranstaltung eingeladen war, die ich unmöglich absagen konnte. Sein Vorschlag ließ mich dennoch zögern, bevor ich schließlich verzweifelt zustimmte. Ich traute ihm nicht. War er wirklich reumütig oder gab er nur vor, mich zu verstehen? Glaubte er tatsächlich, dass ich ihn betrogen hatte? Würde er nachts vielleicht doch zurückkommen, um sich zu rächen? Es hätte mir zu denken geben sollen. Erst weit nach Mitternacht fand ich in den Schlaf. Auf der einzelnen Matratze im Doppelbett, mit dem Hund am Fußende – und einem Küchenmesser unter dem Kopfkissen.

22

Alles auf Anfang

Wie versprochen kam Jackson am nächsten Morgen zurück, bevor ich zur Arbeit fuhr, um sich um Eddie zu kümmern. Es hätte eigentlich ein fliegender Wechsel werden sollen. Doch als ich gehen wollte, hielt mich Jackson fest. Er fiel mir um den Hals, weinte bitterlich und schwor mir seine Liebe. Unter Tränen entschuldigte er sich noch einmal für sein Verhalten vom Vorabend. Seine Emotionen ließen mich nicht ganz kalt, aber ich merkte, dass ich mich trotzdem nicht richtig für ihn erwärmen konnte und froh war, als er die Umarmung endlich löste.

Wir verabredeten am nächsten Tag in Ruhe über alles zu sprechen, da ich erst spät nachts von meiner Veranstaltung zurück sein würde. Ich schloss die Tür hinter mir und hätte vermutlich auch mit unserer Beziehung abschließen müssen, denn ich spürte es. Es lag in der Luft und hing an meinem Herzen: Unsere Ehe war am Ende. Die Frage war nur, ob wir aus den Trümmern etwas Neues aufbauten. Ob wir es wollten. Und ob wir es schafften. Auf dem Weg zur Arbeit kreisten meine Gedanken wieder. Es fiel mir schwer, mir ein Leben ohne Jackson vorzustellen. Wie war es gewesen, bevor wir uns kennenlernten? War ich dieselbe? Und wer könnte ich ohne ihn vielleicht noch werden? Ich hatte keine Antworten auf meine Fragen. Diese Zukunft war unvorhersehbar. Unsicher. Es war leichter, mir einen neuen Anfang mit Jackson auszumalen. Dieses Leben war ich gewohnt. Es war mir vertraut. Und ja, möglicherweise hatte es sich sogar für einen kurzen Augenblick so angefühlt, als würden wir noch einmal beginnen können. Immerhin waren wir schon seit sieben Jahren verheiratet, seit 13 Jahren zusammen – und ich hatte geschworen, ihm auch in schlechten Zeiten beizustehen.

Als ich am nächsten Morgen aufwachte, war Jackson bereits die erste Runde mit Eddie gegangen und auf meinem Nachtisch stand eine Tasse duftender Kaffee. Ich war überrascht. Und misstrauisch. Die netten Gesten standen im krassen Gegensatz zu meiner gewohnten Morgenroutine, die tagein, tagaus gleich ablief: Der Wecker klingelte, Jackson weckte mich unsanft und genervt auf und ging Zähneputzen. Ich blieb liegen. 15 Minuten später kam er zurück ins Schlafzimmer gepoltert und beschwerte sich lautstark darüber, dass ich noch nicht aufgestanden war. Ich zog mich mehr schlafend als wach an und ging mit dem Hund.

Nun saß Jackson neben mir auf der Bettkante und schlug vor, dass wir abends gemeinsam essen gingen. Ich merkte, wie mich die bloße Nähe überforderte, aber ich lehnte seinen Vorschlag nicht nur deshalb ab. Seit Beginn unserer Beziehung war er immer derjenige gewesen, der gern und oft ausgegangen war. Mir hatte nie besonders viel daran gelegen, jedes Wochenende eine neue Bar zu entdecken oder in einem Stammrestaurant zu speisen. Ich hatte nicht mal eines. Außerdem wollten wir über unsere Ehe sprechen und ein Abendessen zu Hause schien mir dafür ein passenderer Rahmen zu sein.

Es war Samstag und der Tag, an dem ich gewöhnlich den Einkauf erledigte. Jede Woche bekam ich dafür von Jackson zwei Listen: eine, mit Dingen, die ich kaufen sollte und eine, mit Dingen, die ich nicht kaufen durfte. Dieses Mal aber ging Jackson selbst zu Fuß zum Supermarkt, um für das Abendessen einzukaufen – und brachte mir Blumen mit. Ich konnte mich nicht erinnern, wann er mir das letzte Mal einen Strauß geschenkt hatte. Seit mindestens zehn Jahren kaufte ich mir meine Blumen selbst. Warum war von einem Tag auf den anderen nun alles anders? Würde es das bleiben? War es überhaupt echt? Ich wusste es nicht. Aber ich spürte sehr deutlich, wie falsch es sich anfühlte: Jacksons Verhalten einerseits, aber auch meine Zweifel an seiner Verwandlung. Seine Freundlichkeit wirkte für mich aufgesetzt. Seine Bemühungen folgten nach meinem Empfinden einer Agenda. Und das Verständnis, welches er plötzlich für meinen Job an den Tag legte, kam mir vor wie eine Heuchelei. Ich schämte mich für mein Misstrauen.

Was stimmte denn nicht mit mir? Viele Frauen wären sicher dankbar, wenn ihr Mann ihnen Blumen schenken oder morgens den Kaffee ans Bett bringen würde. Und ich empfand nicht einmal Freude und schon gar keine Dankbarkeit. Es musste an mir liegen, dachte ich. Vielleicht war ich schlicht nicht für die Ehe gemacht oder einfach nur beziehungsunfähig. Möglicherweise war ich sogar ein schlechter Mensch. Das Gedankenkarussell kreiste immer schneller – bis Jackson mich aussteigen ließ.

Beim Abendessen tat er, als wäre nie etwas vorgefallen. Allerdings konnten wir zwischen Baguette und Antipasti nicht einfach nahtlos an Fremdgehvorwürfe, seinen Ausraster und überhaupt die verlorenen Jahre anknüpfen. Wir aßen und schwiegen. Zugegeben, um meine Gefühlswelt zu beschreiben, hätten zu diesem Zeitpunkt erst die passenden Worte erfunden werden müssen, aber auch Jackson sprach den Status unserer Ehe nicht an, wie er es einen Tag zuvor noch angekündigt hatte. Wir machten einfach weiter. Alles auf Anfang.

23

Die Erkenntnis

Das Leben ging weiter wie bisher. Jacksons tränenreiches Liebes-Versprechen lag nach nur wenigen Wochen wieder unter einem ewigen Eis aus alten Gewohnheiten und Mustern vergessen und die gleichen beruflichen Verpflichtungen führten zu den gleichen Diskussionen zu Hause, gefolgt von den gleichen Magenschmerzen, die sie bisher jedes Mal mit sich gebracht hatten. Mit einem kleinen Unterschied: Nun wollte ich noch weniger zu Hause sein als vor dem Abend, an dem unsere Ehe in die Luft geflogen war. Bis dahin war es mir noch einigermaßen gelungen, meine Welt mit Verlustängsten und Verdrängungsmechanismen zusammenzuhalten. Mein Pflichtbewusstsein hatte immer die größten Risse gekittet und meine Schuldgefühle gegenüber Jackson, der vermeintlich sein Leben zugunsten meiner Karriere aufgegeben hatte, taten ihr Übriges. Schon vor langer Zeit hatten sich aber Zweifel in mein Unterbewusstsein gesät. Erst vor Kurzem hatten sie jedoch ausreichend Nährboden gefunden, um Wurzeln schlagen zu können. Jetzt wuchsen sie. Ich zweifelte an unserer Ehe, Jacksons Absichten, aber vor allem an meinem Verstand. Mein Job bot mir keine Ablenkung mehr. Im Gegenteil. Gerade erst war ich wieder in einen neuen Bereich der Geschäftsentwicklung versetzt worden – und sah mich mit einem Chef konfrontiert, der ähnliche Verhaltensmuster zeigte wie Jackson. Er war unselbstständig, aber ertrug keine Kritik. Er gab sich betont offen, führte sein Team jedoch mit Angst und über Schuldgefühle, was er als zu erwartende Dankbarkeit deklarierte. Das Einzige, was er wirklich gut konnte, war mich zu quälen. Er rief mich regelmäßig vor acht Uhr morgens an und wollte oft auch nach 21 Uhr noch mit mir sprechen. Ging ich nicht ans Telefon, rief er zehn Sekunden später wieder an. Hob ich dann noch immer nicht ab, legte er auf, nur um wenige Sekunden darauf wieder durchzuklingeln. Zu jeder Tages- und Nachtzeit wollte er wissen, was ich tat und am besten auch mit wem. Um das zu kontrollieren, beorderte er mich immer wieder zu Terminen in seinem Beisein, ohne dass meine Anwesenheit tatsächlich vonnöten war. Es ärgerte mich jedes Mal maßlos, aber ich protestierte nur halbherzig. Einerseits hatte ich schon längst keine Kraft mehr mich aufzulehnen und andererseits war ich froh, wenn ich häufiger unterwegs und dadurch noch seltener zu Hause war. So musste ich nicht in diesem gefühlskalten Stillleben frieren, zu dem meine Ehe erstarrt war, sondern konnte alles aus der Ferne betrachten.

Jacksons Kontrollen konnte ich mich trotzdem nicht entziehen. Fortwährend rief er mich bei Geschäftsterminen unter albernen Vorwänden an, nur um zu überprüfen, wo ich war. Mal meldete er sich, weil er bei Eddie angeblich eine Zecke entdeckt hatte und wissen wollte, was zu tun war. Ein anderes Mal, ich war gerade am Flughafen, blieb er so lange in der Leitung, bis im Hintergrund eine Ansage zu hören war, die ihm versicherte, dass ich wirklich am Gate auf einen Flug wartete. War ich zu lange unterwegs, ging er sogar so weit, mir zu unterstellen, dass mein aktueller Job gar nicht existierte. Als ich ihn fragte, woher das monatliche Gehalt sonst stammen sollte, bekam ich nicht einmal mehr eine Antwort, sondern nur den nächsten Vorwurf zu hören: Niemand müsse so oft beruflich reisen, sagte er. Einwände waren zwecklos. Jackson schenkte seinen Behauptungen mehr Glauben, als den Fakten und sein Verhalten wurde immer paranoider.

Wöchentlich nötigte er mich nun, mich vor seinen Augen ins Bankkonto einzuloggen, um ihm zu zeigen, was ich wann und wo bezahlt hatte. Er schnüffelte mir in meinem Paypal-Account hinterher, öffnete weiterhin meine Post, überprüfte den Inhalt meiner Jackentaschen und ich wartete nur darauf, dass er von mir die Herausgabe meiner Telefone verlangte.

Ging ich samstags einkaufen, stoppte er jetzt die Zeit, die ich dafür benötigte – und dauerte es einmal länger als üblich, verlangte er bei meiner Rückkehr eine Erklärung. Sonntags trug er mir auf, alle Gassirunden mit Eddie zu gehen. Ein Ausgleich, wie er sagte, der ihn entlasten sollte. Und dennoch ließ er mich nicht allein mit dem Hund aus dem Haus, sondern folgte mir wie ein Schatten, als könne er mir nicht trauen.

Der Corona-Lockdown verschärfte alles wie ein Brennglas: Jacksons Kontrollen und meine Angst davor, ihm ausgeliefert zu sein. Wie sollte ich seinem Druck und der dauerhaften Überwachung noch ausweichen können, wenn meine Termine und Geschäftsreisen von einem Tag auf den anderen weggefallen waren? Seine Freude über die verhängten Ausgangssperren und Kontaktverbote jagte mir einen kalten Schauer über den Rücken. Ich erinnere mich noch, wie er mir mit dem Selbstbewusstsein eines Siegers aufzählte, welcher meiner bisherigen Aktivitäten außer Haus ich nun nicht mehr nachgehen durfte. Ich war eingesperrt.

Es gab nur einen Ausweg. Ich musste trotzdem in den Verlag fahren: von Garage zu Garage, von dort mit dem Fahrstuhl direkt in mein Stockwerk und dann in mein Büro. Die Zimmertür schloss ich von innen ab. Und obwohl das gesamte Gebäude in Dunkelheit und Stille schlummerte, fühlte ich mich in dieser Endzeitstimmung dennoch wohler als im Homeoffice – und ein wenig wie ein Verbrecher, der aus dem Gefängnis entflohen war.

Für meinen Freigang bekam ich von Jackson heftige Kritik. Er selbst verließ das Haus schließlich nur, um mit Eddie Gassi zu gehen und traute sich nicht einmal mehr, im Supermarkt eine Sechserpackung Bier zu kaufen. Von mir erwartete er das Gleiche. Ich würde seine Gesundheit riskieren, wenn ich nicht zu Hause bliebe, tobte er, obwohl ich während des Lockdowns im Büro nie einem anderen Menschen begegnete. Ging ich aber samstags wie gewohnt einkaufen und traf im Supermarkt auf andere Shopper, hatte Jackson seltsamerweise keine Sorge, sich durch mich anzustecken. Erst nachdem die Ausgangssperren längst wieder aufgehoben waren, wurde mir klar, dass er zu keiner Zeit Angst um meine Gesundheit hatte – nur um seine eigene. Meine Zweifel wuchsen. Wollte er wirklich nur das Beste für mich? Verständlicherweise war ich froh, als das Leben wieder ansatzweise in seinen Normalzustand zurückkehrte.

Ungefähr zur gleichen Zeit vertraute ich mich das erste Mal einem anderen Menschen an – wenn auch nicht ganz freiwillig.

Je mehr ich realisierte, dass ich mich bereits seit Jahren auf der Flucht vor meiner Ehe befand, umso häufiger übermannte mich auf der Arbeit die Verzweiflung. Jede Verhaltensauffälligkeit von Jackson, jeder Streit, jedes einzelne Verbot und jeder meiner Gefühlsausbrüche fügten sich Stück für Stück ineinander und ergaben langsam ein Bild. Ich konnte zu diesem Zeitpunkt zwar nur einzelne Teile erkennen, aber sie reichten aus, um ein beklemmendes Gefühl auszulösen, das irgendwo zwischen

Hals und Bauch saß.

Eines Abends, als die meisten meiner Kollegen bereits nach Hause gegangen waren, ich allein im Dunkeln an meinem Schreibtisch vor dem Rechner saß und die Erkenntnis, dass hier etwas gewaltig schief lief, wieder einmal nach meinem Herzen griff, weinte ich völlig enthemmt in meine Tastatur. Minutenlang. Als ich wieder hochblickte, sah ich verschwommen eine meiner neuen Kolleginnen in der Tür. Sie hatte alles mit angesehen und noch bevor ich mir die Tränen aus den Augen wischen konnte, saß sie schon auf meinem Schreibtisch und wollte wissen, was passiert war.

Wir kannten uns weder lang noch gut, aber sie hatte schon vor einiger Zeit bemerkt, dass etwas nicht stimmte, sagte sie. Ihr waren die langen Abende im Büro aufgefallen, die Unmengen an Energy-Drinks – und meine dünnen Arme, sowie mein eingefallenes Gesicht. Plötzlich brach es aus mir heraus. Ich hatte Mühe, einer fast fremden Person die Zusammenhänge zu erklären, aber ich erzählte von der Nacht, die Jackson im Hotel verbracht hatte, den Streitigkeiten während des Lockdowns und seinem Kontrollwahn. Ich ahnte, dass es nicht normal war, wie er mit mir umging. Bisher hatte ich aber immer wieder Gründe gefunden oder präsentiert bekommen, die sein Verhalten rechtfertigten. Mir war klar, warum er beispielsweise mein Bankkonto kontrollierte. Schließlich hatte er mir zu verstehen gegeben, dass ich nicht mit Geld umgehen konnte und vermutlich hatte er sogar recht. Oder etwa doch nicht? Ich war auch davon überzeugt, dass wir uns einfach auseinander gelebt hatten und es hauptsächlich meine Schuld war, weil ich mir nicht gelungen war, Jackson auf meinem Weg mitzunehmen. Sogar die Tatsache, dass Jackson seit nunmehr zwölf Jahren nicht arbeitete, konnte ich erklären. Schließlich kümmerte er sich um Eddie. Dass das weder ein Vollzeitjob war, noch dass Jackson ihn sonderlich gewissenhaft ausübte, war mir nicht so bewusst wie heute. Ich glaubte sogar, dass er jedes Recht besaß, meine Post zu öffnen und zu verlangen, dass ich ihm sagte, welcher Partei ich bei einer Wahl meine Stimme gab. Wir waren doch verheiratet. Das hatte er mir klargemacht. Und ich hatte es hingenommen. Sogar dafür, dass er nach all den Jahren, die wir bereits in Deutschland lebten, immer noch nicht bereit war, die Sprache zu lernen, gab es einen Grund, den Jackson mir etliche Male geliefert hatte: Die halbe Welt sprach Englisch, aber nur ein kleines Land sprach Deutsch. Welchen Nutzen hätte er also davon gehabt, Deutsch zu lernen? Das ergab doch Sinn, nicht wahr?

Meine Kollegin sagte mir nicht, dass in meiner Ehe etwas grundlegend falsch lief. Sie drängte mich auch nicht, Jackson zu verlassen. Sie hörte mir einfach nur zu und stellte mir dann die Fragen, die schon lange in meinem Unterbewusstsein brannten: Wie willst du leben? Wann und wie kannst du deine Wünsche und deine Meinung frei äußern, ohne Angst vor Jacksons Reaktionen zu haben? Glaubst du, dass es normal ist, dass einer den anderen kontrolliert? Und: Was würdest du dir für die Zukunft wünschen, wenn du keine Konsequenzen fürchten müsstest?

Nach diesem Abend begann ich auch mit anderen Kollegen und einigen Bekannten über meine Situation zu sprechen. Ich brauchte einen Spiegel, suchte ein Korrektiv. Ich wollte eine Bestätigung für das, was ich längst wusste.

Dann hatte ich sie alle. Die Puzzleteile, die noch fehlten, um das Bild meiner Ehe fertigzustellen. Ich blickte auf einen Scherbenhaufen. Meine Zweifel meldeten sich wieder. Sie waren beachtlich groß geworden und zu einer Erkenntnis herangewachsen: Ich wusste, dass ich diese Beziehung beenden musste.

24

Kapitulation oder Krieg

Der Trennungs-Gedanke konsumierte mich. Ich schleppte ihn morgens mit mir zur Arbeit, nahm ihn abends mit ins Bett. Er füllte meinen Kopf, ganze Räume und schließlich drohte er, mich zu erdrücken. Die Trennung war alternativlos. Das wusste ich. Aber ich hatte nicht mal den Hauch einer Ahnung, wie oder wann ich das Unausweichliche hinter mich bringen sollte. Lange konnte ich allerdings nicht mehr warten, denn Jackson hatte seit dem letzten Mal nach einer kurzen Verschnaufpause die Daumenschrauben nur noch mehr angezogen.

Sein Kontrollwahn erreichte ein neues Ausmaß, als er begann, mich mit militärischer Härte herumzukommandieren. Die Abende und Wochenenden hatte er nun für mich minutiös durchgeplant. Sollte ich nicht auf dumme Gedanken kommen? Zwischen Einkaufen, Aufräumen, Ablage und Hunderunden, gönnte er mir keine Ruhe mehr. Mit einer mir bisher unbekannten Strenge ließ er Befehle auf mich niederprasseln. Und er verlangte Gehorsam. Wollte ich mich an den Wochenenden nachmittags auf dem Sofa ausruhen, scheuchte er mich wieder auf, noch bevor ich es mir gemütlich machen konnte. Er war rigoros. Unnachgiebig. Und er übertrieb es maßlos.

Ging ich mit Eddie Gassi, begleitete er mich immer noch ungefragt, bellte aber jetzt ebenso unaufgefordert Kommandos, wie ich den Hund zu führen oder wohin ich zu gehen hatte. Es war zu viel. In mir begann sich der Widerstand zu regen.

Eines Abends kommandierte Jackson mich mit Eddie vor ihm den Gehweg entlang und befahl mir, dass ich die Leine kürzer nehmen sollte. Seine Anweisungen glichen einem Schnellfeuer. „Nicht so kurz, nur kürzer, nein, nicht so, kurz habe ich gesagt, was machst du da, verdammt noch mal." Ich erinnere mich sehr genau an diesen Moment: Es hatte geregnet, ich musste Pfützen ausweichen und Jackson glaubte mit einem Abstand von zwei Metern hinter mir besser sehen zu können, welcher Weg dafür der geeignetere war. Seltsamerweise prallten seine Salven dieses Mal an mir ab. Ich blieb stehen, drehte mich zu ihm um und schoss scharf zurück: „Wenn ich es so falsch mache, nimm du doch den Hund." Um meinem Gegenangriff mehr Nachdruck zu verleihen, hielt ich Jackson demonstrativ die Leine vors Gesicht und als er sie nicht nahm, ließ ich sie vor ihm auf den Boden fallen. Mein Herz schlug mir bis zum Hals. Ich war mir nicht sicher, ob mich mein Aufstand den Kopf kosten würde, oder ob ich gerade einen kleinen Sieg errungen hatte. Ganz offen Gegenwehr zu leisten, das hatte ich mich in all den Jahren noch nie getraut. Ich weiß noch, wie er hektisch die Hundeleine vom Boden fummelte, als ich auf dem Absatz kehrt machte, um zurück nach Hause zu gehen. Allein.

Natürlich hatte mein Ungehorsam Konsequenzen. Mein Alltag wurde zu einem Minenfeld. Wann immer ich mir einen Fehltritt erlaubte, egal wie klein, ging Jackson sofort in die Luft. Es reichte bereits, wenn ich morgens meine Kaffeetasse nicht in den Geschirrspüler räumte und sie einfach in der Küche abstellte. Dann tobte es in ihm. Zuerst zupfte er wild an seinem schwarzen Plastikarmband, das ihn eigentlich daran erinnern sollte nicht auszurasten und wenn er die Wut nicht mehr länger zurückhalten konnte, ging er zu disziplinarischen Maßnahmen über. Wollte ich zur Arbeit gehen, versperrte er die Tür, kam mit seinem Gesicht so nah an meins, dass ich seinen Atem spüren konnte und stellte mich vor die Wahl: die Tasse abwaschen oder in den Geschirrspüler räumen. Ich bekam Beklemmungen. Wie weit würde er noch gehen? Würde er mich wirklich einsperren? Ich konnte ihn beim besten Willen nicht mehr einschätzen und merkte, wie sich in mir eine Panik ausbreitete, die ich bereits von dem Abend kannte, an dem ich Jackson vor die Tür gesetzt hatte. Mir war klar: Ich musste hier raus.

Es mag unangemessen sein, vielleicht sogar makaber, aber es war ausgerechnet ein schreckliches Schicksal, das mir zur Flucht verhalf. Meine Mutter erkrankte schwer. Ihr stand eine große Operation und langwierige Behandlung bevor. Um bei ihr sein zu können, wenn sie aus dem Krankenhaus kam, wollte ich unbedingt nach Berlin fahren. Ich musste! Das konnte Jackson mir unmöglich verbieten. Doch für ihn war die Schlacht offenbar erst vorbei, wenn er mich zur Kapitulation gezwungen hatte. Er änderte seine Taktik – und setze auf psychologische Kriegsführung. Ich solle mir gut überlegen, ob ich meiner Mutter wirklich zur Last fallen wollte, sagte er mir und versuchte mich mit vermeintlichen Fakten, die er in mein Bewusstsein streute, zu verunsichern: Ich würde ihr nur Arbeit machen. Würde ich dort übernachten, müsste Betten beziehen, waschen, kochen, putzen.

Es nütze nichts. Als ich abfuhr, gab er mir noch ein paar Schuldgefühle mit auf den Weg. Er tat so, als hätte ich mir die tragische Erkrankung meiner Mutter nur ausgedacht, um allein nach Berlin reisen zu können. Wie ich darauf komme? Sofort nach meiner Ankunft, gerade als meine Mutter mir die Tür öffnete, klingelte mein Telefon. Jackson!

Es war ein Kontrollanruf. Und ein verzweifeltes Manöver. Er gab an, dass ihm schwindelig sei und er nicht wisse, ob er sich in diesem Zustand um Eddie kümmern könne. Zwar sagte er nicht direkt, dass ich zurückkommen sollte, aber die lange Stille, die seiner Symptombeschreibung folgte, implizierte, dass er es erwartete. Ich hatte das Krisengebiet aber gerade erst verlassen, und war nicht bereit, sofort wieder zurückzukehren. Und auch wenn er offenbar nicht davon ausging, dass ich tatsächlich knapp 600 Kilometer entfernt in Berlin im Treppenhaus meiner Eltern stand, entsprach das dennoch den Tatsachen und ich konnte schon allein deshalb nicht einfach so zurückkommen. Ich riet Jackson sich auszuruhen, im Zweifel den Notruf zu wählen und sich einliefern zu lassen, wünschte ihm noch gute Besserung und legte auf. Eine halbe Stunde später rief er wieder an, um mir zu sagen, dass es ihm schon besser ginge – und um mich direkt zu fragen, wo ich denn sei. Ich legte ein zweites Mal auf und schickte ihm kommentarlos ein Selfie mit meiner Mutter.

Er hatte die Schlacht verloren. Der Krieg war allerdings noch nicht vorbei und ich war mir sicher, dass Jackson bei meiner Rückkehr nach München eine neue Offensive starten würde.

25

Verbrannte Erde

Zu Hause in München wartete die Hölle auf mich. Zwar schlugen mir keine echten Flammen entgegen, aber in Jackson schwelte eine Wut, wie Lava in einem Super-Vulkan unmittelbar vor dem Ausbruch. Löschen? Nicht möglich. Weglaufen? Zwecklos.

Wir sprachen kaum miteinander. Jeder Satz, den ich über die Lippen brachte und jedes Wort, das er mir darauf erwidern musste, schienen ihn noch mehr zu reizen. Vom Gesundheitszustand meiner Mutter wollte er nichts wissen, einen weiteren Besuch in Berlin würde es so bald nicht geben, bestimmte er. Ich merkte, dass er kurz davor war, die Beherrschung zu verlieren, also verzichtete ich auf verbale Brandbeschleuniger und ging in Deckung. Mein neues Selbstbewusstsein, das ich erst kurz vor meiner Berlin-Reise gefunden hatte, war mir schon wieder abhandengekommen. Tagsüber versuchte ich der Wohnung ab jetzt fernzubleiben, nachts schlief ich nun mit offenen Augen. Oder gar nicht. Jackson schien das egal zu sein. Zwar spuckte er vereinzelt ein paar schnippische Kommentare in meine Richtung, zwischen diesen kleinen Eruptionen aber, strafte er mich mit Nichtachtung.

Diese Stille war trügerisch. Und sie machte mir Angst. Denn Jackson würde explodieren. Davon war ich überzeugt. Es war nur noch eine Frage der Zeit. Welches Ausmaß sein Ausbruch haben würde, wenn ich die Trennung verlangte, malte ich mir bereits in leuchtenden Farben aus.

Und das, obwohl ich noch immer noch nicht einmal wusste, wie ich es ihm sagen würde:

„Ich will die Trennung!" Würde er mich ernst nehmen?

„Ich will die Scheidung!" Er würde ganz sicher ausrasten.

„Lass uns im Guten auseinandergehen!" Der Zug war doch längst abgefahren.

Die Gedanken drohten mit mir durchzugehen, der Mut mich zu verlassen, die Angst mich zu lähmen. Nicht zum ersten Mal war ich unsicher, wie weit Jackson gehen würde, wenn Wut, Enttäuschung und Verzweiflung ihn trieben. War er womöglich in der Lage, mir etwas anzutun? Dachte ich auch nur für einen kurzen Moment daran, wie ich ihn mit meiner Entscheidung allein konfrontierte, spürte ich eine unangenehme Hitze in mir aufsteigen. Gefühlt stand ich längst in Flammen. Nur zwei Monate nach meinem letzten Besuch in Berlin, beschloss ich daher, noch einmal in die alte Heimat zu fahren, um meine Eltern in mein Trennungs-Vorhaben einzuweihen.

Nichtsahnend trug Jackson dieses Mal gleich mehrere Gründe vor, die gegen meine Reise sprachen: Eddie würde unter meiner Abwesenheit leiden, er selbst wäre gerade sehr kränklich, ich würde Urlaub verschwenden und außerdem sei ich erst vor Kurzem dort gewesen, stellt er fest und unterstrich das Ganze, in dem er sich vor mir aufbaute und mich mit strengen Blicken durchbohrte.

Ich fuhr trotzdem. Allerdings nicht ohne ein paar Vorbereitungen zu treffen. Heimlich setzte ich das Limit für Jacksons Girokarte herab. Nachdem er vergangenes Jahr nach unserem großen Streit ohne mein

Wissen eine erschreckend hohe Summe am Geldautomaten abgehoben hatte, über deren Verbleib ich nie etwas erfahren habe, wäre mir wohler gewesen, wenn ich ihm gleich die Kontovollmacht hätte entziehen können, aber dadurch wäre seine Karte automatisch gesperrt worden. Und Verdacht sollte er in keinem Fall schöpfen. Ich packte meine Lieblingskleider zusammen und gab vor, sie zur Änderungsschneiderei bringen zu müssen, wie ich es so oft zuvor tatsächlich getan hatte. Die Tasche verstaute ich, zusammen mit Schuhen, Schmuck und Handtaschen, die ich über eine Woche lang heimlich aus dem Haus schmuggelte, in meinem Büro.

Als ich an einem Samstagmorgen mit dem Auto nach Berlin aufbrach, lag Jackson mit Rückenschmerzen im Bett und grollte. Auf dem Weg zur Autobahn holte ich noch meine Sachen aus dem Büro ab, aber als ich mein Gepäck aus dem dunklen und leeren Verlagsgebäude trug, fühlte ich mich wie eine Kriminelle. Ein ungutes Gefühl überkam mich. Gewissensbisse. Als wäre es falsch, was ich tat. Ein Verbrechen. Ich hatte Jackson belogen, ihn zurückgelassen. Allein und ahnungslos. Tat ich überhaupt das Richtige?

Rückblickend hatte ich mir nichts vorzuwerfen. 15 Jahre hatte ich zu Jackson gehalten, ihn unterstützt und sogar gegenüber meiner Familie verteidigt. Objektiv betrachtet war ich ihm acht Jahre lang eine gute Ehefrau gewesen, hatte ihn ver- und umsorgt und meine Bedürfnisse seinen Wünschen untergeordnet. Das konnte ich von ihm nicht behaupten. Dennoch fuhr ich mit schwerem Gepäck nach Berlin: Die Selbstvorwürfe nagten an mir und begleiteten mich auf der fast sechsstündigen Fahrt bis zu meinen Eltern.

Sie wussten längst, dass etwas nicht stimmte. Zu sehr hatte ich mich in den vergangenen Jahren verändert. Zu wenig war von meiner

Lebensfreude, meiner sprudelnden Persönlichkeit übrig geblieben. Und zu verdächtig war es, dass ich nur zwei Monate nach meinem letzten Besuch schon wieder nach Berlin gekommen war. Trotzdem fiel es mir schwer, die richtigen Worte zu finden. Ich schämte mich. Meine Ehe war gescheitert. Meine Eltern hatten recht behalten und ich hatte versagt. Das war meine Wahrheit. Meine Eltern hatten allerdings eine andere und ihr Mitgefühl fing mich auf.

Ich beichtete mein Trennungs-Vorhaben – sie schenkten mir Verständnis.

Ich breitete das Drama meiner Beziehung vor ihnen aus – sie nahmen Anteil.

Ich gestand meine Angst vor Jackson – sie machten die Angelegenheit zur Familiensache.

Zusammen weihten wir meine beiden älteren Brüder ein, die sofort Nägel mit Köpfen machten. Sie beschlossen, mit mir nach München zu fahren, denn sie bestätigten mein Bauchgefühl: Es war zu gefährlich, Jackson allein zu konfrontieren.

Drei Tage später brach die Kavallerie in Berlin auf. Mit Jackson hatte ich seit unserem Beschluss nicht mehr gesprochen. Nur eine Textnachricht am Morgen der Abfahrt ließ mich wissen: Er erwartete mich am Abend zurück in München. Allein. Dass meine Brüder, mein Vater und ich bereits auf dem Weg waren und am frühen Nachmittag eintreffen würden, konnte er nicht wissen. Ganz sicher war ich mir aber nicht.

Jacksons Generalvollmacht für mein Konto hatte ich kurz vor der Abfahrt endgültig löschen lassen und vorsorglich alle Passwörter für sämtliche Online-Bezahldienste und Shops, die mit meinem Konto verknüpft waren, geändert. Ich stand völlig neben mir. Meine größte Sorge war, dass es ihm auffiel, bevor wir in München eintrafen und er mir auf die Schliche kam. Was würde er dann tun? Würde er seine Wut vielleicht an Eddie auslassen? Kurz vor Nürnberg klingelte mein Telefon. Mir wurde übel. Jackson wollte im Supermarkt Bier und Pizza kaufen, aber an der Kasse wurde seine Karte abgelehnt. Er war merklich gereizt. Ob ich damit etwas zu tun hätte, fragte er misstrauisch, als wäre das die naheliegendste Erklärung. Ich stotterte eine wilde Erklärung über einen vermeintlichen Systemfehler ins Telefon, die ihn tatsächlich zu beruhigen schien. Er legte auf. Ich war nicht aufgeflogen. Oder doch? Als wir in München ankamen, wirkte alles verdächtig ruhig. Kein Auto fuhr durch die schmale Straße, in der unser Wohnhaus stand. Die Herbstsonne schien einsam vom wolkenlosen, blauen Himmel und nicht einmal ein Hauch einer Brise durchzog die kühle Oktoberluft. Als hätte alles für einen Moment gespannt den Atem angehalten.

Es war die Ruhe vor dem Sturm.

Vorsichtig drehte ich den Schlüssel im Schloss und schob die Wohnungstür langsam auf. Der Eingangsbereich lag im Dunkeln und außer Eddie, der uns alle stürmisch begrüßte, war niemand zu sehen.

Dann erschien Jackson am Ende des Flurs. Er kam wortlos auf mich zu. Ich drohte in die Knie zu gehen, als würde die Erde zittern. Meine Brüder und mein Vater standen aber hinter mir. Wortwörtlich. Als Jackson sie entdeckte, blieb er stehen: „Was ist hier los?" Ich antwortete nicht.

„Hallo! Was geht hier vor", fragte er ein zweites Mal. Jetzt hörte ich den Groll in seiner Stimme. Er fühlte sich überrumpelt.

Das, was ich ihm dann sagte, schien ihn aber keinesfalls zu überraschen. Mit brüchiger Stimme stolperte ich durch den einen Satz, den ich in Gedanken während der Autofahrt hunderte Male aufgesagt hatte: „Ich trenne mich, werde die Scheidung einreichen und ich ziehe zu meinen Eltern." Das war er: der Moment der Wahrheit. In Jackson brodelte es jetzt. Sein Gesicht begann zu glühen und er zischte wütend: „Und so sagst du mir das?!" Dann verschwand er wieder im Dunkel des Wohnzimmers. Mein Vater folgte ihm.

Wir waren mit zwei Autos gekommen, um genügend Platz für das Nötigste zu haben. Und das Wertvollste: Eddie. Hektisch packte ich nun zusammen, was wichtig war, während meine Brüder abwechselnd die Autos beluden. Plötzlich hörte ich ein Knallen aus dem Wohnzimmer. Dann stand Jackson vor mir. Wie eine riesige Aschewolke verdunkelte er das Zimmer. Er erhob seine Stimme. Der Ausbruch stand kurz bevor. Seine Vorwürfe und Fragen regneten auf mich nieder wie Gesteinsbrocken. „Wer soll denn jetzt die Miete bezahlen", schleuderte er mir entgegen. „Ich", antworte ich und versuchte ihm auszuweichen. Die nächste Frage schlug ein: „Hast du einen Neuen?" Ich schüttelte den Kopf und duckte mich weg. „Hat dein Job überhaupt wirklich existiert", donnerte er. Ich antwortete, ohne ihn anzusehen: „Ja." Mein Vater versuchte ihn zu beruhigen und führte ihn zurück ins Wohnzimmer. Ich packte weiter, aber jedes Krachen, jeder wütende Schrei ließ mich immer wieder unwillkürlich zusammenzucken. Es klang, als würde jemand gegen Wände und auf Möbelstücke einschlagen.

Nach einer Stunde war alles vorbei.

Ich zitterte am ganzen Körper, als wir aus dem gefühlten gruseligen Halbdunkel der Wohnung wieder hinaus in die helle Herbstsonne traten. Ich atmete auf, aber die Erleichterung setze nicht ein. Der Hund war in Sicherheit, die Autos waren voll – und ich fühlte mich leer.

Wir ließen München hinter uns. Und mit der Stadt die Ruine meiner Ehe. 15 Jahre mit Jackson waren in Flammen aufgegangen. Alles, was blieb, war Asche. Doch die Hoffnung bahnte sich einen Weg durch die Trümmer: verbrannte Erde ist besonders fruchtbar.

26

Der Preis der Freiheit

Noch trug die Freiheit keine Früchte. Zwar hatte ich mit Eddie bei meinen Eltern in Berlin Unterschlupf gefunden, aber von einem neuen Leben war ich weit entfernt. Die letzten Tage – und vermutlich auch die letzten Jahre – steckten mir noch in den Knochen. Ich fühlte mich, als ob ich gerade eine komplizierte chirurgische Prozedur überstanden hatte, in der mir ein Parasit herausgeschnitten wurde, der sich lange Zeit ungestört von meiner Lebenskraft ernährt hatte. Erschöpft. Geschwächt. Aus dem Nichts begann ich unter schweren Asthmaanfällen zu leiden, die mir buchstäblich die Luft zum Atmen raubten. Kein Arzt wusste Rat. Schließlich wurde ich auf unbestimmte Zeit krankgeschrieben.

Die Münchner Wohnung hatten Jackson und ich gekündigt und damit einen weiteren der unsichtbaren Fäden, die uns immer noch verbanden, durchtrennt. Zwar zahlte ich für die verbleibenden drei Monate noch die Miete, überwies Jackson Geld für Essen und beglich alle Rechnungen, doch direkten Kontakt zu ihm wollte ich keinen mehr. Zu viel war passiert. Die Trennung hatte so viele Gedanken und Gefühle aufgewirbelt und eine Mischung aus Scham, Unbehagen und Angst bohrte sich jedes Mal in mein Gewissen, wenn ich an ihn dachte.

Ich wünschte mir nichts sehnlicher als Ruhe, doch soweit ließ es Jackson nicht kommen. Er bombardierte mich mit E-Mails und Briefen voller Entschuldigungen und Erklärungen, rief mich an und weinte reumütig ins Telefon:

Er sei depressiv gewesen und könne nichts dafür, sagte er. Trug ich etwa Schuld daran?

Er betonte, dass es ihm leidtue, dass er nicht aufmerksam genug gewesen sei. Waren meine Erwartungen an ihn, ja an die Ehe, vielleicht völlig überzogen?

Er hätte mir nie etwas angetan, aber er verstünde, dass ich diesen Eindruck gewonnen hatte, erklärte er. War ich hysterisch und hatte überreagiert?

Jeder Satz von Jackson säte bei mir neue Selbstzweifel. Er war kaum wiederzuerkennen. Verständnisvoll, sanft, geläutert. Was hatte ich ihm angetan? Das hatte er doch nicht verdient. Nichts erinnerte noch an den kontrollierenden, strengen Despoten, der jahrelang versucht hatte, mich mit Schuldgefühlen und Verpflichtungen zu erpressen. Fast nichts.

Genau wie zwei Jahre zuvor, als er nach unserem großen Streit am nächsten Morgen Besserung gelobend um Verzeihung bat, nur um schließlich weiterzumachen wie bisher, versuchte er auch dieses Mal mich zu täuschen. Jacksons Verhalten war nur eine Masche. Ein sich wiederholendes Muster aus Manipulationen. Meiner Mutter gegenüber behauptete er noch, mir großzügig den Raum zu gewähren, den ich offenbar benötigte, während er sich bereits in der Gewissheit zu sonnen schien, dass ich zu ihm zurückkehrte. Mir schrieb er, dass er meinen Wunsch nach Scheidung für impulsives Übereilen hielt und kündigte an, nach Berlin zu reisen, um zu sehen, wie wir uns wieder annähern könnten. Doch als ich den Kontakt endgültig abbrach und die

Kommunikation mit ihm meiner Anwältin anvertraute, zeigte Jackson sein wahres Gesicht. Sofort nahmen seine Worte einen schneidenden Ton an. Vergessen waren die Liebesbekundungen und Versuche, mich zurückzugewinnen. Stattdessen stellte er nun plötzlich Forderungen. Er verlangte regelmäßige „Status-Reports", wie er sie nannte, über Eddies Alltag und seine Gesundheit und vor allem beanspruchte er etwas für sich, das nie seins gewesen ist: Geld. Er verklagte mich auf Unterhalt – und zog damit den Vorhang auf für einen Akt, den ich nie erwartet hätte. Mit der Überzeugung eines Bühnendarstellers zeichnete Jackson das Porträt eines gekränkten, mittellosen Ehemannes, der jahrelang die Stellung gehalten hatte, während seine Frau Karriere machte. In diesem Bild erkannte ich ihn wieder. In seiner völlig verzerrten Darstellung war er immer noch der Jackson, den ich vor wenigen Wochen verlassen hatte – und jeglicher Zweifel an meiner Entscheidung war verflogen. Die Gewissensbisse aber blieben.

Ich benötigte sechs Monate, um gesundheitlich wieder auf die Beine zu kommen und noch länger, um mich überhaupt in meinem neuen Leben zurechtzufinden. Die Beziehung, die Ehe und schließlich das bittere Finale, die Trennung, hatten mich zu Boden gerungen. Wie ein Baum, der einem gewaltigen Sturm nicht standhalten kann, hatte ich mich vor dem erbarmungslosen Wind meiner eigenen Realität gebeugt. Die Schuldgefühle, es nicht geschafft zu haben, lasteten schwer auf mir und ich wusste, dass ich aus eigener Kraft nicht wieder aufstehen würde. Ohne Therapie hätte ich die Last meiner Vergangenheit vermutlich nie abschütteln und zu mir selbst zurückfinden können.

Geschieden wurden wir einvernehmlich und in Jacksons Abwesenheit. Er war wenige Wochen nach der Trennung zu seinen Eltern nach England zurückgekehrt.

Unsere Wege haben sich seitdem nie wieder gekreuzt.

Die emotionale Manipulation zu erkennen und zu beenden, hat 16 Jahre meines Lebens gefordert – und mein gesamtes Erspartes gekostet. Für eine schnelle Scheidung hatte ich mich mit einer Abfindung von meinem emotionalen Erpresser freigekauft. Aber die Freiheit, die ich mir heute wiedererobert habe, steht weit über jedem materiellen Wert. Sie ist das kostbarste Geschenk, das ich mir selbst machen konnte.

Abschnitt III

Der richtige Umgang mit emotionalen Erpressern

27

Spiegel der Seele: Selbsterkenntnis als Waffe gegen emotionale Erpressung

27.1 Heimliche Fallen und Risikofaktoren, die dich anfällig für emotionale Erpressung machen

Wir haben nun den langen Schatten, den eine toxische Beziehung wirft, ausgeleuchtet und du hast verstanden, wie wichtig es ist, Licht in das Dunkel zu bringen. Du weißt, was eine toxische Beziehung ausmacht, wie gefährlich sie ist und welche Rolle emotionale Erpressung in ungesunden Verbindungen spielt. Vielleicht fragst du dich jetzt, was du tun kannst, um dich selbst zu schützen oder wie du dich gegen Manipulatoren zur Wehr setzen kannst. Möglicherweise versuchst du auch zu verstehen, warum ausgerechnet du in einer toxischen Beziehung gefangen und einem Manipulator in die Falle gegangen bist.

Der erste Schritt zur Verteidigung ist das Bewusstsein, dass dich bestimmte Risikofaktoren anfälliger für emotionale Erpressung machen. Lebst du ständig in der Angst, andere zu enttäuschen oder zu verärgern? Strampelst du dich ab, um es anderen recht zu machen und setzt dich selbst unter Druck, die Erwartungen aller zu erfüllen? Vielleicht hast du auch das Gefühl, immer „Ja" sagen zu müssen, um gemocht oder akzeptiert zu werden. Oder glaubst du, es wäre unhöflich und egoistisch, „Nein" zu sagen?

Emotionale Erpresser sind meisterhafte Manipulatoren. Sie kennen die Kunst, deine Schwächen und Bedürfnisse auszunutzen, um dich in den Fängen einer toxischen Beziehung zu halten. Es ist daher entscheidend, deine Stärken und Schwächen zu erkennen und dich mit Techniken zu wappnen, die dir den Ausweg aus einer ungesunden Verbindung ebnen und erleichtern.

Eine scharfe Selbsteinschätzung hilft dir zu erkennen, ob du schneller oder häufiger in die Fänge solcher Manipulatoren gerätst und länger in toxischen Beziehungen verharrst. Menschen, die leicht zu manipulieren sind, weisen oft bestimmte Merkmale oder Verhaltensmuster auf. Folgende Indikatoren können deshalb darauf hindeuten, dass du leicht zu manipulieren bist:

Geringes Selbstwertgefühl

Wenn du oft an dir selbst zweifelst, das Gefühl hast, nicht gut genug zu sein, dann bist du möglicherweise anfälliger für Manipulation, da du dazu neigst, die Meinungen und Wünsche anderer über deine eigenen zu stellen. Wenn du dich oft unsicher und unzulänglich in deiner Beziehung fühlst, kann dein Partner dies gegen dich wenden, indem er dir sagt, dass du glücklich sein solltest, jemanden zu haben, der dich liebt, und du alles tun solltest, um ihn zufriedenzustellen.

Konfliktscheu

Weichst du Konflikten aus und fällt es dir schwer, deine Bedürfnisse und Wünsche auszudrücken? Das könnte ein Manipulator ausnutzen. Ein Beispiel dafür ist, wenn du eigentlich nicht auf die Party eines Kollegen gehen möchtest, weil du am nächsten Tag früh aufstehen musst, aber trotzdem zusagst, weil dein Kollege betont, wie wichtig es ihm sei und du einen Konflikt vermeiden möchtest.

Übermäßiges Bedürfnis nach Zustimmung

Wenn du ein starkes Bedürfnis hast, von anderen gemocht und anerkannt zu werden, bist du möglicherweise bereit, auf Kosten deiner eigenen Bedürfnisse und Werte Kompromisse einzugehen. Vielleicht gibst du ständig nach und änderst deine Pläne, nur um jemandem zu gefallen – aus Angst, er könnte dich sonst nicht mehr mögen.

Schwierigkeiten, Grenzen zu setzen

Fällt es dir schwer „Nein" zu sagen und Grenzen zu setzen, kann ein Manipulator das ausnutzen, um dich dazu zu bringen, Dinge zu tun, die du eigentlich nicht tun möchtest. Ein Beispiel dafür wäre, wenn du trotz eines vollen Terminkalenders auf die Kinder eines Freundes aufpasst, weil du dich nicht traust, „Nein" zu sagen.

Empathie und Hilfsbereitschaft

Obwohl Empathie und Hilfsbereitschaft positive Eigenschaften sind, können sie dir zum Verhängnis werden. Ein Manipulator kann dein Mitgefühl und deine Bereitschaft, anderen zu helfen, ausnutzen, um dich emotional zu erpressen. Dies wäre etwa der Fall, wenn ein

Kollege dir ständig seine traurige Familiengeschichte erzählt, um dich aus Mitleid dazu zu bringen, seine Arbeitsaufgaben zusätzlich zu übernehmen.

Abhängigkeit

Wenn du dich emotional oder finanziell stark von einer anderen Person abhängig fühlst, kann das einem Erpresser eine gute Gelegenheit bieten, dich zu kontrollieren. Bist du zum Beispiel finanziell abhängig von deinem Partner, könnte er diese Situation ausnutzen, um Entscheidungen für dich zu treffen und dich zu erpressen.

Wenn du erkennst, dass du einige oder mehrere dieser Merkmale besitzt, ist es wichtig, deine Selbstachtung wiederherzustellen, dein Selbstbewusstsein zu stärken und an deiner Fähigkeit, Grenzen zu setzen, zu arbeiten. Nur so kannst du dich gegen emotionale Erpresser wehren und dich auch vor zukünftigen Angriffen schützen.

27.2 Selbsttest: Werde ich manipuliert?

Um herauszufinden, ob du von deinem Partner emotional manipuliert wirst, kannst du dir folgende Fragen stellen:

- Fühle ich mich häufig schuldig oder verantwortlich für die Probleme oder das Wohlbefinden meines Partners, auch wenn es nicht meine Schuld ist?

- Werden meine Gefühle und Bedürfnisse oft ignoriert oder abgetan, während die meines Partners immer im Vordergrund stehen?

- Verwendet mein Partner emotionale Taktiken wie Schuldzuweisungen, Ultimaten, Drohungen oder das Spielen des „Opfers", um mich dazu zu bringen, nachzugeben oder seine Wünsche zu erfüllen?

- Habe ich das Gefühl, dass ich meine eigenen Werte, Überzeugungen oder Grenzen aufgegeben oder überschritten habe, um die Konflikte mit meinem Partner zu vermeiden?

- Fällt es mir schwer, Entscheidungen zu treffen oder meine Meinung zu äußern, weil ich Angst habe, meinen Partner zu verärgern oder eine negative Reaktion hervorzurufen?

- Werde ich oft kritisiert oder abgewertet, sodass mein Selbstwertgefühl und Selbstvertrauen beeinträchtigt sind?

- Fühle ich mich isoliert oder eingeschränkt in meinen sozialen Kontakten, Hobbys oder Aktivitäten, weil mein Partner meine Interaktionen oder Freizeit kontrollieren möchte?

- Habe ich das Gefühl, dass ich ständig auf Eierschalen laufen muss, um Konflikte oder emotionale Ausbrüche meines Partners zu vermeiden?

- Fühle ich mich oft verwirrt oder zweifle an meiner eigenen Wahrnehmung, weil mein Partner meine Erfahrungen oder Erinnerungen infrage stellt oder leugnet?

- Gibt es ein Ungleichgewicht in unserer Beziehung, bei dem mein Partner die meiste Kontrolle oder Macht hat, und ich mich oft unterlegen oder abhängig fühle?

Wenn du auf einige oder mehrere dieser Fragen mit „Ja" geantwortet hast, kann das ein Zeichen dafür sein, dass du von deinem Partner emotional manipuliert wirst.

Jetzt ist es Zeit, zur Tat zu schreiten. Du verdienst es, eine Beziehung zu führen, die von Unterstützung, Respekt und Liebe geprägt ist. Du verdienst es, dich frei zu fühlen und nicht kontrolliert oder manipuliert zu werden. Und du verdienst es, deine eigenen Bedürfnisse und Wünsche zu erfüllen. Um dieses Ziel zu erreichen, wirst du nun lernen, wie du die Opferrolle verlässt, ohne selbst zum Täter zu werden.

28

Von Opfern und Tätern: Den Teufelskreis durchbrechen, ohne selbst zum Monster zu werden

28.1 Die Täter-Opfer-Dynamik

Es gibt keine emotionale Erpressung ohne ein Opfer. Das ist logisch. Wo kein Täter, da kein Opfer und vice versa. Das bedeutet natürlich nicht, dass man Täter und Opfer gleichermaßen zur Verantwortung ziehen sollte. Im Gegenteil. Als Opfer trägst du niemals die Schuld an der Situation. Mache dir immer bewusst, dass allein der Erpresser für sein manipulatives Verhalten verantwortlich ist. Nichtsdestotrotz ist die Rolle des Opfers in einer toxischen Beziehung keine eindimensionale. Ein abstraktes Argument könnte lauten, dass das Opfer das manipulative Verhalten zulässt, indem es auf die Taktiken des Manipulators eingeht, dessen Forderungen erfüllt und somit indirekt zum Fortbestand der toxischen Situation beiträgt. Die Realität allerdings ist viel komplexer. Möglicherweise verfügt das Opfer beispielsweise nicht über die erforderlichen Fähigkeiten, das Bewusstsein oder die Unterstützung, um effektiv gegen die Manipulation vorzugehen. Daher ist es von

Bedeutung, die Einflussfaktoren, welche die Rolle des Opfers in der toxischen Beziehung prägen, gründlich zu durchleuchten.

Du bist bereits mit den Charakteristika vertraut, die es einem emotionalen Manipulator ermöglichen, dich auszubeuten. Ein geringes Selbstwertgefühl, Angst, Schuldgefühle und eine unzureichende Fähigkeit, Grenzen zu setzen, sind dabei die vorherrschenden. Es gibt jedoch ein Merkmal oder, präziser gesagt, ein Gefühl, das wir bislang nicht berücksichtigt haben – vermutlich das wichtigste von allen: die Hoffnung. Vielleicht hast du, wie so viele Opfer emotionaler Manipulation, lange auf eine Veränderung gehofft oder tust dies sogar noch immer. Aus Liebe und Loyalität hast du das toxische Verhalten erduldet und dir gewünscht, dass dein Partner sich ändert. Doch wahrscheinlich haben sich die Manipulationen immer und immer wiederholt. Es ist in Ordnung, Hoffnung zu hegen. Es spricht sogar für deine Widerstandsfähigkeit. Nun gilt es allerdings, diese Ausdauer, diese Stärke dafür zu nutzen, tatsächlich etwas zu verändern. Denn der einzige Mensch, der in einer toxischen Beziehung eine Veränderung bewirken kann, bist du selbst. Du hast die innere Stärke, um dich gegen emotionale Manipulation zu wehren. Glaube an dich und deine Fähigkeiten, entkomme der Opferrolle und du wirst in der Lage sein, dich aus den Fesseln der manipulativen Dynamik zu lösen.

Bevor wir jedoch tiefer in die Kunst der Gegenwehr einsteigen, solltest du dir bewusst sein, dass das Auflehnen gegen einen Manipulator mit gewissen Risiken verbunden ist. Abhängig von der manipulativen oder aggressiven Natur des Erpressers kann die Situation eskalieren und potenziell gefährlich werden. Daher ist es ratsam, die folgenden Schritte sorgfältig abzuwägen und im Zweifelsfall stets Unterstützung in

Anspruch zu nehmen. Dennoch können die beschriebenen Techniken dazu beitragen, eingefahrene Verhaltensmuster zu durchbrechen, zukünftig gesunde Beziehungen zu etablieren und zu pflegen und letztlich die emotionale Erpressung ein für alle Mal aus deinem Leben zu verbannen.

28.2 Wie du die Kontrolle zurückerlangst

Emotionale Erpressung kann uns gefangen nehmen in einer Welt der Unsicherheit und Hilflosigkeit, in der andere die Kontrolle über unsere Gefühle und Gedanken übernehmen. Sie kann unser Selbstvertrauen untergraben und uns das Gefühl geben, jegliche Autonomie aufgegeben zu haben. Ich spreche aber aus eigener Erfahrung, wenn ich dir versichere, dass du, auch wenn du dich gegenwärtig ohnmächtig fühlst, keinesfalls machtlos bist. Der emotionale Erpresser mag zwar deine Emotionen kontrollieren und somit scheinbar dich, doch dein Leben hältst nach wie vor du in deinen Händen. Daher möchte ich dich ermutigen, dich der Herausforderung zu stellen und nun zuerst die Herrschaft über deine Gefühle zurückzugewinnen. Es mag sich zu Beginn schwierig gestalten, doch es wird sich zweifelsohne auszahlen. Am Ende dieses Weges wartet die Freiheit auf dich – die Freiheit, dir selbst treu zu bleiben, eigene Entscheidungen zu treffen und ein erfülltes, glückliches Leben zu führen.

Beginnen wir!

Als ersten Schritt ist es unabdingbar, dass du deine individuelle Situation nüchtern, aufrichtig und schonungslos analysierst. Dies ist von äußerster Wichtigkeit, da es um deine Sicherheit geht. Ist dein seelisches oder physisches Wohlergehen bereits akut bedroht, darfst du diesen Weg keinesfalls allein beschreiten und benötigst Unterstützung. Daher ist dieser erste Schritt nicht verhandelbar. Die darauffolgenden Etappen können wir dann auf das Wesentliche herunterbrechen:

Bestandsaufnahme

Notiere dir die Situationen und Umstände, in denen du dich emotional erpresst fühlst. Schreibe auf, wie dein Partner dich behandelt, welche Worte er verwendet und wie du dich dabei fühlst. Dies hilft dir zuallererst, Muster zu erkennen und einen klaren Blick auf das Problem zu bekommen.

Selbstreflexion

Reflektiere deine eigenen Verhaltensweisen und Reaktionen in der Beziehung. Überlege auch, ob du möglicherweise unbewusst auf die emotionale Erpressung eingehst und wie du in Zukunft anders reagieren könntest.

Stärkung des Selbstkonzeptes

Dies ist ein entscheidender Schritt (siehe den Abschnitt „Das Selbstkonzept – dein innerer Kompass")! Arbeite an deinem Selbstwertgefühl, deiner Selbstsicherheit, deinem Selbstbewusstsein, deiner Selbstachtung und deinem Selbstvertrauen, indem du etwa Aktivitäten und Hobbys verfolgst, die dir Freude bereiten und die deine Fähigkeiten stärken. Je stärker du bist, desto schwieriger wird es für den emotionalen Erpresser, dich zu manipulieren. Es braucht aber kein unerschütterliches Selbstbewusstsein, um sich von den Fesseln der emotionalen Erpressung zu befreien. Es wird automatisch leichter, sobald du beginnst, Grenzen zu setzen. Schon allein die Tatsache, dass du aktiv an der Veränderung der Situation arbeitest, wird dich beflügeln.

Unterstützung suchen

Scheue dich nicht, Freunde, Familienmitglieder oder einen Therapeuten um Unterstützung und Ratschläge zu bitten. Teile deine Erlebnisse und Gefühle mit Menschen, denen du vertraust und lass dir helfen, die Situation besser zu bewältigen.

Grenzen setzen

Mache deinem Partner, wenn möglich, klar, welche Verhaltensweisen du nicht akzeptierst. Vermeide dabei stets eskalierende Situationen. Gib konkrete Beispiele dafür, wie du dich in der Vergangenheit emotional erpresst gefühlt hast (siehe die Schritte „Bestandsaufnahme" und „Selbstreflexion") und erkläre, warum dies nicht hinnehmbar ist. Stelle sicher, dass du in der Lage bist, diese Grenzen konsequent durchzusetzen.

Sage deinem Partner zum Beispiel, dass du es nicht mehr tolerieren wirst, wenn er droht, dich zu verlassen, um dich dazu zu bringen, nachzugeben. Mach ihm deutlich, dass du solche Drohungen als emotionalen Missbrauch empfindest (siehe hierzu auch den Abschnitt „Grenzen setzen")

Nein-Sagen

Übe, „Nein" zu sagen, wenn du dich unwohl fühlst oder das Gefühl hast, dass deine Grenzen überschritten werden. Bleibe standhaft und lasse sich nicht von Schuldgefühlen oder Einschüchterung beeinflussen.

Wenn dein Partner beispielsweise versucht, dich dazu zu bringen, ein Treffen mit Freunden abzusagen, um bei ihm zu bleiben, sage „Nein" und stelle klar, dass du deine Freunde sehen möchtest und dies wichtig für dich ist (siehe auch den Abschnitt „Nein-Sagen lernen").

Offene Kommunikation

Initiiere Gespräche mit deinem Partner über deine Gefühle und Bedenken. Kommuniziere deeskalierend, jedoch nicht defensiv (siehe den Abschnitt „Kommunikationstechniken zur Lösungsfindung und Vermeidung von Eskalation"). Äußere deine Wünsche und Erwartungen in einer ruhigen und respektvollen Weise. Versuche, gemeinsame Lösungen zu finden, die beiden Parteien gerecht werden. Sprich mit deinem Partner zum Beispiel darüber, wie du dich in Situationen, in denen emotionale Erpressung stattfindet, fühlst, und schlage alternative Wege vor, wie dein Partner seine Bedenken oder Wünsche äußern kann, ohne dich unter Druck zu setzen.

Akzeptieren

In manchen Fällen kann es schwierig oder unmöglich sein, das Verhalten des emotionalen Erpressers zu ändern. Akzeptiere die Realität der Situation und konzentriere dich auf die Dinge, die du kontrollieren kannst.

Entscheide dich in dieser Situation für das, was für dich am besten ist: In extremen Fällen kann es notwendig sein, die Beziehung umgehend zu beenden, um sich vor weiterer Manipulation oder schlimmerem zu schützen.

Notfallplan erstellen

In einigen Fällen kann es notwendig sein, sich auf einen Ausstieg aus der toxischen Beziehung vorzubereiten.

Hierfür ist es sinnvoll einen Notfallplan zu erstellen, der dir hilft, die Beziehung sicher zu verlassen, falls dies erforderlich sein sollte. Dies kann das Sammeln von wichtigen Dokumenten, das Einrichten eines separaten Bankkontos oder das Erkunden von alternativen Wohnmöglichkeiten beinhalten. Stelle dir eine Liste von wichtigen Telefonnummern zusammen, die du im Falle eines Notfalls anrufen könntest und informiere dich über lokale Unterstützungsangebote oder Beratungsstellen.

Bei all deinem Handeln solltest du stets bedenken, dass es Grenzen gibt. Du solltest dich niemals selbst in Gefahr bringen. Ist die Beziehung bereits so toxisch, dass keine offene Kommunikation mehr möglich ist, musst du dir zuallererst Unterstützung suchen. Manche toxische Beziehungen erreichen diesen Punkt nie, in anderen sorgt das erpresserische und kontrollierende Verhalten des Partners bereits sehr früh dafür, dass du Angst um deine Sicherheit haben musst. Erinnere dich zum Beispiel noch einmal an meine persönliche Geschichte. Obwohl es nie zu einem körperlichen Missbrauch kam, hatte ich dennoch Angst um mein Wohl. Höre auf dein Bauchgefühl und besprich deine Situation und dein Vorhaben am besten mit jemandem, dem du vertraust.

In jedem Fall gibt es aber einige Dinge, die du ab jetzt vermeiden solltest:

Lass dich nicht von Schuldgefühlen oder Verpflichtungen dazu bringen, deine eigenen Bedürfnisse und Grenzen zu opfern.

Vermeide vorschnelle Zugeständnisse und gib nicht sofort nach, um Konflikten auszuweichen, da dies den emotionalen Erpresser ermutigen kann, weiterhin manipulative Taktiken anzuwenden.

Übernimm in keinem Fall die Verantwortung für das Handeln des emotionalen Erpressers und mache dir immer wieder bewusst, dass die Verantwortung für das manipulative Verhalten beim Erpresser liegt und nicht bei dir.

Versuche nicht, den emotionalen Erpresser zu ändern, denn das ist nicht deine Aufgabe. Fokussiere dich stattdessen auf deine eigene Heilung und Selbstfürsorge.

Vermeide auf jeden Fall Eskalation und Machtkämpfe. Bewahre Ruhe, bleibe sachlich und konzentriere dich darauf, deine Grenzen zu schützen.

Isoliere dich nicht von Freunden und Familie, da soziale Unterstützung oft notwendig ist, um emotionale Erpressung bewältigen und überwinden zu können.

28.3 Das Selbstkonzept – dein innerer Kompass

Ein starkes Selbstkonzept ist entscheidend, wenn es darum geht, sich gegen emotionale Erpressung in toxischen Beziehungen zu wehren. Zuallererst ist es wichtig, zu verstehen, was das Selbstkonzept eigentlich ist. Das Selbstkonzept bezieht sich auf die individuelle Wahrnehmung und Vorstellung von sich selbst. Es umfasst eine Vielzahl von Komponenten, darunter: Selbstbewusstsein, Selbstwertgefühl, Selbstvertrauen, Selbstsicherheit und Selbstachtung. Diese verschiedenen Bausteine des Selbstkonzeptes sind eng miteinander verbunden und werden oft synonym verwendet, haben jedoch unterschiedliche Bedeutungen und können einander beeinflussen.

Selbstbewusstsein beschreibt dein Bewusstsein und Verständnis deiner eigenen Persönlichkeit, also deiner Fähigkeiten, deiner Stärken und Schwächen. Du erkennst und akzeptierst deine Gefühle, Bedürfnisse, Wünsche und Ziele. Ein selbstbewusster Mensch hat ein klares Bild von sich selbst, erkennt seinen Wert und kann seine eigenen Fähigkeiten und Begrenzungen einschätzen.

Selbstwertgefühl bezieht sich auf die Wertschätzung und den Respekt, den wir für uns selbst haben. Es ist unser inneres Urteil über unseren eigenen Wert als Person. Ein positives Selbstwertgefühl bedeutet, dass wir uns selbst als wertvoll betrachten und Liebe, Respekt und Fürsorge verdienen. Es ist tief verwurzelt in unserem inneren Glauben an unsere eigene Würdigkeit und ist nicht stark von externen Faktoren beeinflusst.

Selbstvertrauen ist das Vertrauen in die eigenen Fähigkeiten und in die eigene Urteilskraft. Ein gutes Selbstvertrauen hilft dabei, Entscheidungen zu treffen und neue Herausforderungen anzunehmen.

Selbstsicherheit bedeutet, dass du keine Angst hast, deine Meinung zu äußern und dich dabei wohlfühlst, Entscheidungen zu treffen. Selbstsicherheit hängt oft mit der Kompetenz in bestimmten Bereichen zusammen und kann sich auch auf einzelne Situationen oder Aufgaben beziehen.

Selbstachtung hingegen bezieht sich auf den Respekt, den wir für uns selbst und unsere Entscheidungen und Handlungen haben. Sie ist ein Ausdruck des Selbstwertgefühls und spiegelt wider, wie wir mit uns selbst umgehen und wie wir zulassen, dass andere uns behandeln. Selbstachtung kann durch positive Handlungen und Entscheidungen, die unser Wohlbefinden und unsere Werte widerspiegeln, gestärkt werden.

Zusammengefasst könnte man sagen, dass Selbstbewusstsein unser Wissen und Verständnis über uns selbst ist, Selbstwertgefühl unser inneres Urteil über unseren eigenen Wert, Selbstvertrauen unser Glaube an unsere Fähigkeiten, Selbstsicherheit unser Komfort bei der Ausdruckskraft unserer Meinungen und Entscheidungen und Selbstachtung unser Respekt uns selbst gegenüber. Alle diese Aspekte sind wichtig für unser emotionales Wohlbefinden und Teil eines gesunden Selbstkonzeptes.

Es würde zu weit führen, in diesem Buch nun alle Möglichkeiten zur Stärkung der einzelnen Komponenten des Selbstkonzeptes aufzuführen und einzuordnen. Jeder Mensch hat unterschiedliche Bedürfnisse,

Stärken und Schwächen, und es erfordert Zeit und Mühe, um die Strategien zu finden, die am besten zu einem passen.

Eine Möglichkeit möchte ich dir aber vorstellen, da sie sich speziell an Opfer emotionaler Erpressung richtet. In ihrem Buch „Emotional Blackmail" schlägt Dr. Susan Forward die Erstellung eines Vertrags mit sich selbst vor, der aus drei Hauptelementen besteht: einem Selbstvertrag, einer Machterklärung und Phrasen der Selbstbestärkung.

Durch die Erstellung eines solchen Vertrags kannst du dich selbst verpflichten, auf deine eigenen Bedürfnisse und Grenzen zu achten, dadurch persönliche Stärke aufbauen und dich so gegen emotionale Erpressung wappnen.

Selbstvertrag

Der Selbstvertrag ist ein schriftliches Dokument, in dem du dich verpflichtest, dich selbst zu respektieren, deine Grenzen zu schützen und für deine eigenen Bedürfnisse und Wünsche einzustehen. Der Vertrag kann persönliche Ziele, Verpflichtungen und Strategien zur Bewältigung emotionaler Erpressung enthalten. Durch das Aufschreiben dieser Verpflichtungen stärkst du deine Entschlossenheit und Selbstachtung.

Ein Beispiel für einen Selbstvertrag könnte sein:

„Ich verpflichte mich, meine Bedürfnisse und Wünsche zu respektieren und sie offen und ehrlich zu kommunizieren. Ich werde meine Grenzen klar definieren und mich dafür einsetzen, diese auch zu schützen. Ich werde mich nicht von Angst, Verpflichtung oder Schuld manipulieren lassen und werde emotional erpresserisches Verhalten nicht tolerieren."

Machterklärung

Die Machterklärung ist eine persönliche Erklärung, die deine Stärken, Fähigkeiten und die Kontrolle, die du über dein Leben hast, betont. Sie soll dir helfen, dich selbstbewusster und ermächtigt zu fühlen, um gegen emotionale Erpressung vorzugehen.

Eine Machterklärung könnte so aussehen:

„Ich habe die Kraft und die Fähigkeit, mein eigenes Leben zu gestalten und meine eigenen Entscheidungen zu treffen. Ich werde mich nicht von anderen kontrollieren oder manipulieren lassen. Ich weiß, was für mich am besten ist und werde mich dafür einsetzen, meine Bedürfnisse und Wünsche zu erfüllen."

Phrasen der Selbstbestärkung

Phrasen der Selbstbestärkung sind positive Aussagen, die du regelmäßig wiederholst, um dein Selbstwertgefühl zu stärken und deine Entschlossenheit zu festigen. Du kannst diese Mantren in schwierigen Momenten oder als tägliche Übung verwenden, um deine innere Stärke aufzubauen.

Beispiele für Phrasen der Selbstbestärkung sind:

- „Ich bin stark und selbstbewusst, und ich kann mich gegen Manipulationen zur Wehr setzen."

- „Meine Bedürfnisse und Wünsche sind wichtig und verdienen Beachtung und Respekt."

- „Ich habe das Recht, meine eigenen Entscheidungen zu treffen und meine eigenen Grenzen zu setzen."

28.4 Grenzen setzen

Insbesondere letztes, also Grenzen in einer toxischen Beziehung mit einem emotionalen Erpresser festzulegen und vor allem durchzusetzen, ist zweifelsfrei eine Herausforderung und sind wir ehrlich, oft unmöglich. Zahlreiche Experten empfehlen, sich zu emanzipieren und den Erpresser zurückzudrängen. Doch hier ist Vorsicht geboten. Zunächst sollte man den Schweregrad der Erpressung und die Charakteristik sowie das Stadium der toxischen Beziehung berücksichtigen. In einem freundschaftlichen Verhältnis ist es sicher einfacher, dem Erpresser entgegenzutreten und um Distanz zu bitten. Gegenüber dem Ehepartner in Worte zu fassen, dass man keine Kontrolle mehr zulässt, vor allem in einer Abhängigkeit, ist dagegen etwas völlig anderes. Die Brisanz steigt exponentiell, wenn Gewalt ins Spiel kommt – in diesen Fällen können solche Ratschläge lebensgefährlich sein.

Zudem besteht die Gefahr der Eskalation, wenn man den Erpresser zu deutlich enttarnend konfrontiert. Sieht der Manipulator die Kontrolle über sein Opfer, sein obsessives Ziel, in Gefahr, gerät er womöglich in einen Ausnahmezustand: Er bekommt Panik, wird verzweifelt und sein Verhalten wird unberechenbar. Man muss berücksichtigen, dass viele emotionale Erpresser unbewusst manipulieren und daher bei einer Konfrontation tatsächlich überfordert sein könnten.

Trotz der Unwägbarkeiten ist es aber möglich und wichtig, Grenzen zu setzen. Schon das Einbeziehen von Verwandten oder Freunden in die Situation zieht automatisch eine Grenze. Erinnere dich noch einmal an meine Situation: Indem ich meine Familie einbezog, errichtete ich eine unsichtbare Barriere. In Gegenwart meiner Brüder und meines Vaters konnte Jackson mich nicht länger manipulieren.

Wenn du nun beispielsweise beginnst, einem Hobby nachzugehen, setzt du ebenfalls eine Grenze: Du reservierst damit Zeit für dich und stärkst deine Unabhängigkeit. Sollte das in deinem Fall nicht möglich sein, möchte ich dir dennoch ein paar Hinweise geben, wie du deine Eigenständigkeit zurückgewinnen und stärken – und in künftigen Beziehungen, falls nötig, Grenzen ziehen kannst.

Letztlich musst du natürlich ganz allein für dich entscheiden, welche Grenzen für dich angemessen sind. Bevor du sie aber durchsetzt, ist es hilfreich, einmal zu überlegen, welche Limits du überhaupt definieren könntest:

Zeitliche Grenzen

Du kannst Grenzen setzen, wie viel Zeit du mit deinem Partner oder Freund verbringst oder wie oft du mit ihm kommunizierst. Du könntest unter anderem festlegen, dass du dich nur zweimal pro Woche treffen oder telefonieren möchtest.

Emotionale Grenzen

Du kannst auch Grenzen definieren, was deine Gefühle betrifft. Zum Beispiel könntest du vorgeben, dass du nicht mehr bereit bist, beleidigt oder verletzt zu werden, oder dass du die Verantwortung für die Gefühle deines Partners nicht mehr übernehmen wirst.

Kommunikationsgrenzen

Du könntest auch festlegen, dass du keine Beschimpfungen oder Schuldzuweisungen akzeptierst oder dass du nicht mehr gewillt bist, mit deinem Partner über bestimmte Themen zu sprechen und somit Grenzen setzen, was die Art und Weise betrifft, wie du mit deinem Partner kommunizierst.

Verhaltensgrenzen

Du kannst natürlich auch Grenzen bestimmen, was das Verhalten deines Partners betrifft. Zum Beispiel könntest du entscheiden, dass du Lügen oder unangemessenes Verhalten deines Partners nicht mehr tolerierst.

Körperliche Grenzen

Auch, was deine körperliche Integrität betrifft, kannst und solltest du Grenzen setzen. Unter keinen Umständen solltest du Drohungen, körperliche Gewalt oder sexuelle Belästigung akzeptieren. In diesen Fällen ist es allerdings sinnvoll, dass du dir Unterstützung von Dritten suchst.

In jedem Fall ist es wichtig, dass du deine Grenzen zuerst für dich selbst eindeutig definierst und dann für dein Gegenüber ebenso klar kommunizierst. Identifiziere dafür zuallererst deine Bedürfnisse und Prioritäten: Überlege, was du benötigst, um glücklich und gesund zu sein. Erst dann besprich mit deinem Gegenüber, wie wichtig es beispielsweise für dich ist, Zeit für dich selbst oder deine Hobbys zu haben und erkläre, dass dies ein Teil deiner Selbstpflege ist, welche dir wiederum dabei hilft, ein guter Partner zu sein. Kommunikation ist immer der richtige Weg, um Grenzen in einer Beziehung zu setzen, sofern ein offener Austausch möglich ist. Sei dir aber bewusst, dass dein Partner möglicherweise versuchen wird, deine Grenzen zu überschreiten oder dich dazu zu bringen, sie aufzugeben. Sofern es umsetzbar ist und du dich nicht selbst in Gefahr begibst, solltest du standhaft und konsequent bleiben. Mit diesen drei Schritten kann es dir dann gelingen, deine Grenzen durchzusetzen:

Benenne das Verhalten

Wenn der emotionale Erpresser versucht, dich zu manipulieren, indem er dich beschuldigt oder dir Schuldgefühle einredet, benenne das Verhalten und weise es zurück. Zum Beispiel: „Ich lasse mir keine Schuld zuweisen, weil ich meine eigenen Entscheidungen treffe.", oder „Ich werde nicht beschuldigt, weil ich meine Grenzen setze."

Definiere deine Grenzen

Sag klar, was du akzeptierst und was nicht, wenn der emotionale Erpresser versucht, deine Grenzen zu überschreiten: „Ich werde nicht tolerieren, dass du mich manipulierst." oder „Ich werde nicht tolerieren, dass du meine Entscheidungen infrage stellst."

Sag „Nein"

Sollte der emotionale Erpresser versuchen, dich zu manipulieren, indem er dich dazu drängt, etwas zu tun, das gegen deine Werte oder Interessen verstößt, sag „Nein". Zum Beispiel: „Nein, ich möchte das nicht tun.", „Nein, ich fühle mich damit nicht wohl." oder „Nein, das ist inakzeptabel für mich".

28.5 Nein-Sagen lernen

Ein einfaches „Nein" über die Lippen zu bringen erweist sich im Alltag oft als deutlich komplizierter als in der Theorie. Nein-Sagen fällt vielen Menschen sogar sehr schwer – besonders, wenn sie sich in einer toxischen Beziehung oder einer emotional belastenden Situation befinden. Häufig hindern uns die Angst, andere zu verletzen, oder die Furcht, als egoistisch oder unfreundlich wahrgenommen zu werden, daran, dieses Wort auszusprechen. In toxischen Beziehungen hingegen, kann diese Schwierigkeit noch verstärkt werden, wenn der emotionale Erpresser Druck ausübt oder Schuldgefühle verursacht, um seine Ziele zu erreichen.

Gerade deshalb ist es von unschätzbarem Wert zu wissen, dass man mit wenigen Schritten erlernen kann, „Nein" zu sagen.

Erkenne deine Grenzen

Bevor du „Nein" sagen kannst, musst du wissen, wo deine Grenzen liegen. Nimm dir Zeit, um zu reflektieren, was du willst und was nicht, und definiere deine Grenzen deutlich.

Übe das Nein-Sagen

Ob vor dem Spiegel oder einfach nur allein: Je öfter du „Nein" sagst, desto selbstbewusster und selbstsicherer wirst du im Umgang mit schwierigen Situationen.

Verwende eine positive Sprache

Du wirst dich besser fühlen, wenn du mit dem „Nein" eine positiv formulierte Erklärung deiner Entscheidung abgibst, wie: „Nein, danke, ich kann nicht" oder „Ich schätze das Angebot, aber ich werde es ablehnen".

Vermeide Entschuldigungen

Du musst dich nicht für deine Entscheidungen oder Grenzen entschuldigen. Sag einfach „Nein" und erkläre auf positive Weise deine Gründe dafür.

Sei konsequent

Hast du einmal „Nein" gesagt, bleib dabei. Das stärkt deine Glaubwürdigkeit.

Erinnere dich an deine Gründe

Wenn du dich an die Gründe erinnerst, die dich bewogen haben, etwas zu verneinen, kannst du besser verstehen, warum deine Entscheidung wichtig war und dich so von Schuldgefühlen befreien.

Verwende positive Selbstgespräche

Ähnlich wie das Üben vor dem Spiegel, können dir auch positive Selbstgespräche dabei helfen, das Nein-Sagen zu erlernen. Es ist in Ordnung, „Nein" zu sagen. Sage dir selbst zur Bestärkung: „Ich bin berechtigt, meine Grenzen zu setzen." oder „Ich habe das Recht, für mich selbst einzustehen."

Such Unterstützung

Wenn du Schwierigkeiten hast, „Nein" zu sagen, suche Unterstützung bei Freunden, deiner Familie, einem Therapeuten oder verbinde dich mit anderen Menschen in ähnlichen Situationen, um Tipps und Ratschläge zu erhalten.

28.6 Kommunikationstechniken zur Lösungsfindung und Vermeidung von Eskalation

Eine offene Kommunikation ist, wie erwähnt, die beste Voraussetzung, um Grenzen setzen zu können – ob in einer toxischen oder in einer gesunden Beziehung. Das ist logisch: Indem man seine Bedürfnisse und Erwartungen deutlich kommuniziert, weiß das Gegenüber, woran es ist. Du hast auch bereits erfahren, dass Kommunikation der einzige Weg ist, einem emotionalen Erpresser sachlich zu signalisieren, dass du Manipulation nicht tolerierst. Und obwohl nicht in jeder toxischen Beziehung eine offene Kommunikation möglich ist, möchte ich dir dennoch die verschiedenen Techniken zur verbalen Konfliktlösung aufzeigen und erklären, da sie dir generell helfen können, schwierige Gespräche konstruktiv zu führen und nachhaltige Lösungen zu finden.

Aktives Zuhören

Das bedeutet, dass du deinem Gesprächspartner aufmerksam zuhörst und versuchst, seine Perspektive und Gefühle zu verstehen. Du kannst dies durch Nachfragen oder Zusammenfassungen seiner Aussagen demonstrieren.

Ich-Botschaften

Statt Vorwürfe zu machen oder Schuldzuweisungen auszusprechen, kannst du Ich-Botschaften verwenden, um deine eigenen Bedürfnisse und Gefühle auszudrücken. Zum Beispiel: „Ich fühle mich verletzt, wenn du meine Meinung nicht berücksichtigst." anstelle von „Nie nimmst du Rücksicht auf meine Meinung und verletzt mich damit."

Konstruktives Feedback

Wenn du konstruktives Feedback gibst, fokussierst du dich auf das Verhalten und nicht auf die Person. Das erreichst du, indem du die Auswirkungen, die das Verhalten deines Gesprächspartners auf dich hat, beschreibst. Zum Beispiel: „Wenn du meine Anrufe nicht beantwortest, fühle ich mich ignoriert und frustriert."

Kompromissbereitschaft

Die Verantwortung für die Lösung des Konflikts darf nicht nur bei einer Person liegen. Es ist wichtig, Kompromisse einzugehen, um eine gemeinsame Lösung zu finden, die für beide akzeptabel ist. Beide Seiten sollten sich daher bemühen, aufeinander zuzugehen.

Pause machen

Wenn die Emotionen hochkochen oder die Situation zu angespannt wird, kann es hilfreich sein, eine Pause einzulegen und das Gespräch zu einem späteren Zeitpunkt fortzusetzen. So können sich beide Seiten beruhigen und mit einer frischen Perspektive zur Lösungsfindung zurückkehren.

Obwohl Kommunikationstechniken zur Konfliktlösung spezifische Werkzeuge und Strategien bieten, um Konflikte zu identifizieren und effektiv anzugehen, handelt es sich dennoch um eine eher reaktive Methode, die darauf abzielt, bereits bestehende Konflikte zu lösen. Unstimmigkeiten oder Missverständnisse lassen sich mit diesen Techniken leicht adressieren und die Gesprächsansätze können helfen, eine akzeptable Lösung für alle Beteiligten zu finden.

Eine weitere Technik, die eher proaktiv einzuordnen ist, konzentriert sich dagegen auf die Vermeidung von Konflikten: die nicht-defensive Kommunikation. Dieses Konzept bedient sich eines bestimmten Kommunikationsstils, der darauf abzielt, eine defensive Haltung zu vermeiden, wenn man in einem Gespräch kritisiert oder herausgefordert wird. Dies bedeutet, dass man keine Angriffe, Schuldzuweisungen oder Kritik äußert oder sich gegen solche Angriffe verteidigt. Stattdessen konzentriert man sich darauf, klar und respektvoll zu kommunizieren, seine eigenen Gefühle und Bedürfnisse auszudrücken und aktiv zuzuhören, um die Perspektive des Gegenübers zu verstehen. Das Ziel der nicht-defensiven Kommunikation ist es, eine Atmosphäre des Verständnisses und der Kooperation zu schaffen. Diese Methode umfasst folgende Elemente:

Akzeptanz

Man akzeptiert, dass Kritik oder Feedback Teil der Kommunikation ist und dass es wichtig ist, diese anzunehmen und zu verstehen. Du kannst zum Beispiel sagen: „Ich verstehe, dass dir diese Situation sehr wichtig ist, aber ich muss auch meine eigenen Bedürfnisse berücksichtigen."

Emotionale Regulation

Es ist wichtig, ruhig und sachlich zu bleiben und seine Emotionen nicht die Kontrolle über die Situation übernehmen zu lassen. Versuche, tief durchzuatmen oder eine Pause einzulegen, bevor du beispielsweise antwortest: „Ich höre, was du sagst, aber ich möchte darüber nachdenken, bevor ich antworte."

Verständnis

Man bemüht sich, die Perspektive des anderen zu verstehen und versucht, seine eigenen Standpunkte klar und deutlich zu kommunizieren. Das gelingt, indem du aktiv zuhörst und Zusammenfassungen oder Nachfragen verwendest und dann zum Beispiel etwas sagst wie: „Ich verstehe, dass du dich so fühlst, aber ich sehe das anders."

Konstruktive Reaktion

Biete konstruktive Lösungen als Reaktion auf Feedback oder Kritik an, um das Problem zu lösen, anstatt dich zu verteidigen oder die Schuld auf andere zu schieben, indem du beispielsweise sagst: „Ich verstehe, dass du das willst, aber ich denke, wir können eine Lösung finden, die für uns beide funktioniert."

Offenheit

Sei offen für das, was der andere sagt, und sei bereit, Änderungen vorzunehmen, wenn es notwendig ist. Signalisiere dies mit einer Aussage wie: „Ich bin bereit, darüber nachzudenken und zu sehen, ob es eine Lösung gibt, mit der wir beide zufrieden sind."

Natürlich gibt es keine Garantie dafür, dass jede der Kommunikationstechniken immer in jeder Situation funktioniert. Ob sie zum Ziel führen, hängt von verschiedenen Faktoren ab, wie der Art des Konflikts, den Persönlichkeiten und Kommunikationsstilen der beteiligten Personen sowie deren Bereitschaft, sich auf den Prozess der Konfliktlösung einzulassen.

Nicht-defensive Kommunikation und Kommunikationstechniken zur Konfliktlösung schließen einander allerdings nicht aus. In der Tat kann nicht-defensive Kommunikation Teil eines Ansatzes zur Konfliktlösung sein, indem sie hilft, die Kommunikationsebene offen und respektvoll zu halten, während eine direkte Konfrontation dazu führen kann, dass die Situation noch weiter eskaliert. In einer toxischen Beziehung mit einem emotionalen Erpresser kann es unabhängig davon aber generell schwierig sein, eine konstruktive Diskussion zu führen, da der Erpresser oft versuchen wird, die Kontrolle über die Situation zu behalten und das Opfer weiterhin zu manipulieren. In manchen Fällen ist es daher notwendig, professionelle Hilfe in Anspruch zu nehmen.

28.7 Die richtigen Antworten auf erpresserische Aussagen

Oft verwenden Erpresser Sätze wie „Wenn du mich wirklich lieben würdest, würdest du das für mich tun." oder „Du bist so kalt und herzlos, weil du meine Bitte ablehnst." Es sind Aussagen, die Schuldgefühle auslösen und dazu führen sollen, dass du deine eigenen Grenzen überschreitest und letztlich tust, was der Manipulator von dir verlangt.

Mit nicht-defensiven Antworten kannst du aber auf solche Aussagen reagieren, dich selbst stärken und sogar die Kontrolle zurückerlangen. So leicht, wie die folgenden Antworten auf die typischen Sätze eines emotionalen Erpressers aber auch aussehen mögen, solltest du sie jedoch nicht verwenden. Hier ist dieselbe Vorsicht geboten, wie bisher: Ist der Manipulator zum Beispiel sehr aggressiv, könnte er die Antworten als direkten Angriff verstehen, die Situation könnte eskalieren und du dadurch in Gefahr geraten. Bevor du dich also dafür entscheidest, deinem Erpresser gegenüberzutreten, solltest du die möglichen Risiken sorgfältig abwägen und im Zweifel professionelle Hilfe oder Unterstützung von Freunden und Familie in Anspruch nehmen.

Erpresser: „Wenn du mich wirklich lieben würdest, würdest du das für mich tun."
Antwort: „Ich verstehe, dass du dich so fühlst, aber ich habe das Recht, meine eigene Meinung haben und meine eigene Entscheidung zu treffen."

Erpresser: „Ich kann nicht glauben, dass du so egoistisch bist und nicht tust, was ich von dir verlange."
Antwort: „Es ist nicht fair, mich mit Schuldgefühlen zu belasten. Ich habe meine eigenen Bedürfnisse und Wünsche, die ich respektieren muss."

Erpresser: „Wenn du das nicht tust, werde ich wütend oder werde dich verlassen."
Antwort: „Ich werde mich nicht dazu drängen lassen, etwas zu tun, womit ich nicht einverstanden bin."

Erpresser: „Du solltest das für mich tun, weil ich sonst unglücklich bin.“
Antwort: „Meine Grenzen sind wichtig, und ich erwarte, dass sie respektiert werden.“

Erpresser: „Du bist so kalt und herzlos, weil du meine Bitte ablehnst.“
Antwort: „Ich fühle mich unter Druck gesetzt, und das ist für mich inakzeptabel.“

Erpresser: „Du weißt, wie sehr ich das brauche. Warum machst du es nicht einfach?“
Antwort: „Bitte respektiere meine Entscheidung, auch wenn du anderer Meinung bist.“

Erpresser: „Warum bist du immer so stur und uneinsichtig?“
Antwort: „Ich werde mich nicht dafür entschuldigen, meine eigenen Bedürfnisse und Prioritäten zu setzen.“

Erpresser: „Du solltest das tun, weil es das ist, was jeder normale Mensch tun würde.“
Antwort: „Es ist wichtig, dass wir beide unsere Gefühle und Meinungen respektieren, auch wenn wir nicht immer einer Meinung sind.“

Erpresser: „Du solltest mir vertrauen und tun, was ich sage.“
Antwort: „Ich schätze deine Perspektive, aber ich muss auf meine eigene Intuition hören.“

28.8 Umgang mit stiller Erpressung

Neben der emotionalen Erpressung durch Angst, Verpflichtung und Schuldgefühle (siehe den Abschnitt „FOG-Prinzip“ in Kapitel 3) gibt es noch eine weitere Form der Erpressung, die nicht nur in toxischen Beziehungen vorkommt: die stille Erpressung. Diese Art der Manipulation ist oft schwer zu erkennen, da sie nicht durch offensichtliche Äußerungen oder Handlungen gekennzeichnet ist. Ein sogenannter stiller Erpresser nutzt stattdessen Schweigen als Waffe, um seine Forderungen durchzusetzen oder Ignoranz, um an sein Ziel zu kommen. Er gibt also keine Antworten und straft mit Entzug von Zuneigung oder Aufmerksamkeit oder vermeidet sogar ganze Konversationen, um emotionalen Druck aufzubauen und Gefühle der Schuld und Unsicherheit zu kreieren.

Es ist möglich, sich diesem passiv-aggressiven Verhalten eines stillen Erpressers erfolgreich entgegenzustellen. Bevor du diesen Schritt wagst, solltest du aber deine eigenen Gefühle und Reaktionen analysieren. Warum lässt du dich von dem Schweigen beeinflussen? Welche Ängste und Unsicherheiten werden durch das Verhalten des Erpressers bei dir getriggert?

Sprich das Problem dann offen an. Mache dem Erpresser klar, dass du seine Manipulation erkannt hast und signalisiere, dass du bereit bist, darüber zu sprechen, aber dich nicht von Schweigen unter Druck setzen lassen wirst. Kommuniziere ruhig und in einer respektvollen Weise (siehe den Abschnitt „Kommunikationstechniken zur Lösungsfindung und Vermeidung von Eskalation"), um eine Eskalation zu vermeiden. Folgende Sätze, können dir dabei helfen:

- „Ich verstehe, dass du nicht sprechen möchtest, aber um eine Lösung für unser Problem zu finden, müssen wir darüber reden."

- „Es ist nicht fair, mich mit deinem Schweigen zu manipulieren. Ich brauche klare Kommunikation, um unsere Beziehung zu verbessern."

- „Wenn du bereit bist, über das Problem zu sprechen, bin ich bereit, zuzuhören und gemeinsam mit dir eine Lösung zu finden."

- „Ich werde nicht zulassen, dass dein Verhalten unsere Beziehung belastet. Wir müssen eine gesunde und offene Kommunikation aufrechterhalten, um Konflikte lösen zu können."

Im Umgang mit einem stillen Erpresser kann es situativ schwierig sein, die richtigen Entscheidungen zu treffen. Bestimmte Verhaltensweisen können das Problem verschlimmern und dem Erpresser noch mehr Macht über dich verleihen. Vermeide daher in jedem Fall auch Folgendes:

Drohungen oder Ultimaten

Sei vorsichtig, wenn du Drohungen oder Ultimaten verwendest. Diese können dazu führen, dass der Erpresser sich noch mehr zurückzieht und seine Position verstärkt. Dränge den Manipulator nicht in die Ecke.

Schweigen oder Ignorieren

Es ist wichtig, dass du nicht selbst in die Falle tappst und mit Schweigen reagierst. Dies kann dazu führen, dass sich die Situation weiter verschärft und es schwerer wird, eine offene Kommunikation wiederherzustellen. Es ist auch wichtig, das Verhalten des Erpressers nicht einfach zu ignorieren, da dies nur dazu führt, dass er weiterhin seine Macht über dich ausübt.

Schuldzuweisungen

Vermeide es, den Erpresser zu beschuldigen. Wenn er sich angegriffen fühlt, kann die Situation eskalieren oder der Manipulator kann sich noch weiter zurückziehen. Auch solltest du dir in keinem Fall selbst die Schuld für das Verhalten des Erpressers geben.

Verzweiflung

Verfalle nicht in Verzweiflung oder lasse dich auf einen ständigen Kampf mit dem Erpresser ein.

Nachgeben

Lasse dich nicht von dem Schweigen des Erpressers beeinflussen und gib seinen Forderungen natürlich nicht nach.

Isolation

Ziehe dich nicht zurück und versuche auch nicht, das Problem allein zu lösen, wenn du mit der Situation überfordert bist, sondern suche dir in diesem Fall Unterstützung bei vertrauenswürdigen Personen.

28.9 Das SOS-Prinzip

Das SOS-Prinzip ist eine Methode, die in vielen Bereichen der psychologischen Beratung und Therapie verwendet und von verschiedenen Therapeuten und Experten auch als ein Ansatz zur

Bewältigung von emotionaler Erpressung in zwischenmenschlichen Beziehungen empfohlen wird. Es handelt sich dabei um eine Art Anleitung, wie es gelingen kann, Sicherheit zurückzugewinnen, Emotionen zu kontrollieren und ungesunde Verhaltensmuster zu durchbrechen.

SOS steht für Stop, Observe, Strategize (Stoppen, Beobachten, Strategien entwickeln):

Stoppen

Beim ersten Schritt des SOS-Prinzips geht es darum, den aktuellen Prozess zu stoppen. Wenn du dich in einer Beziehung mit einem emotionalen Erpresser befindest, kann dies bedeuten, dass du aufhörst, dich zu rechtfertigen oder zu verteidigen.

Um diesen Schritt umzusetzen, ist es auch wichtig aufzuhören, deine Bedürfnisse und Wünsche zu opfern, um deinen Partner zufriedenzustellen. Du unterbrichst also das Verhalten des Manipulators, kontrollierst deine eigenen Emotionen und verschaffst dir erst einmal Zeit für die weiteren Schritte, indem du zum Beispiel in einer Diskussion sagst: „Ich möchte nicht mehr darüber reden. Ich brauche eine Pause, um nachzudenken und meine Gedanken zu sortieren." Wenn du das Gefühl hast, unter Druck gesetzt zu werden, um etwas zu tun, das gegen deine Überzeugungen verstößt, kannst du auch sagen: „Ich werde keine Entscheidungen treffen, solange ich unter Druck gesetzt werde."

Beobachten

Der zweite Schritt des SOS-Prinzips besteht darin, deine Gedanken und Gefühle zu beobachten. Du benötigst eine klare Sicht auf die Dinge. Nimm dir Zeit, herauszufinden, was dich genau in welcher Situation belastet. Welche Verhaltensweisen deines Partners führen beispielsweise dazu, dass du dich unwohl oder unter Druck gesetzt fühlst? Versuche auch, die Gründe für deine Ängste, Bedenken oder Unsicherheiten zu erkunden. Wenn du die Ursache deiner Emotionen verstehst, kannst du klarer denken und besser handeln.

Strategien entwickeln

Im dritten Schritt des SOS-Prinzips geht es darum, konkrete Maßnahmen zu ergreifen. Du definierst also klar deine Grenzen und konzentrierst dich auf deine Bedürfnisse und Wünsche und wie du diese durchsetzen kannst. Was bist du bereit zu akzeptieren und was nicht? Strategien zu entwickeln, um deine Ziele zu erreichen, kann beinhalten, klare Kommunikationstechniken zu erlernen, um deine Grenzen zu setzen und dein Rechte zu verteidigen. Es kann auch bedeuten, dass du dich über rechtliche Schritte oder finanzielle Aspekte informierst, wenn du eine Trennung oder Scheidung in Betracht ziehst. Dazu gehört auch zu überlegen, wer dir in dieser Situation helfen kann, etwa Freunde, Familie oder ein Therapeut.

Insgesamt kann das SOS-Prinzip eine sehr nützliche Methode sein, um dich auch in schwierigen Situationen immer wieder daran zu erinnern, deine Gedanken und Gefühle zu kontrollieren und Strategien zu entwickeln, um dich vor emotionalem Missbrauch zu schützen.

Dennoch ist diese Technik nicht als alleinige Lösung für komplexe Beziehungsprobleme geeignet. Um langfristige Veränderungen und Heilung zu reichen, ist oftmals eine Therapie oder zumindest Unterstützung von Außenstehenden notwendig – in vielen Fällen auch eine endgültige Trennung.

29

Beziehungs-Bilanz: Toxische Verbindungen kitten oder kappen

29.1 Hat die Liebe noch eine Chance?

Du bist im letzten Kapitel angelangt und stehst womöglich vor der Frage, ob man toxische Beziehungen immer zwingend beenden muss oder ob manche auch gerettet und geheilt werden können. An dieser Stelle raten viele Experten und Therapeuten dazu, toxische Beziehungen immer und in jedem Fall zu beenden. Insgesamt gibt es viele Gründe, diesen Rat auch anzunehmen. Ist dein Selbstwertgefühl beispielsweise beeinträchtigt, weil du immer wieder kritisiert oder gedemütigt wirst oder ist deine persönliche Entwicklung in deiner Beziehung eingeschränkt, weil dein Partner dich kontrolliert oder dich daran hindert, deine eigenen Ziele oder Interessen zu verfolgen, solltest du dir gut überlegen, ob es nicht an der Zeit ist, einen Schlussstrich zu ziehen. Spätestens wenn die Beziehung Auswirkungen auf deine Gesundheit hat oder gar Gewalt beinhaltet, ist eine Trennung unausweichlich.

Allerdings ist es nicht so leicht, pauschal zu beantworten, ob eine Beziehung nun gerettet werden kann oder zum Scheitern verurteilt ist und woran man den Unterschied erkennt. Keine toxische Beziehung gleicht der anderen und ihre Zukunft hängt von vielen Faktoren ab, wie der Schwere des Missbrauchs, der Dauer der Beziehung, der Bereitschaft der Partner, Hilfe in Anspruch zu nehmen, und vielen anderen Einflüssen. Entscheidend ist dabei auch immer die persönliche Definition einer toxischen Beziehung, also das individuelle Empfinden. Der bloße Wunsch, die Beziehung zu retten, ist aber kein Gradmesser dafür, dass es auch gesund ist, dies tatsächlich zu tun. Es gibt Opfer von emotionaler Erpressung, die trotz körperlichen Missbrauchs an ihren Partnern festhalten, weil ihr Selbstwertgefühl über Jahre systematisch zerstört wurde. Sie sind davon überzeugt, kein glückliches Leben mit einer liebevollen Beziehung zu verdienen und können sich nicht aus der toxischen Partnerschaft lösen, obwohl es ungesund oder sogar gefährlich für sie ist.

So gibt es aber auch Paare, bei denen der Täter das Opfer beschuldigt, ihn emotional zu erpressen und möglicherweise gar nicht merkt, dass er der eigentliche Manipulator in der Beziehung ist. Oft handeln emotionale Erpresser oder auch Narzissten nämlich nicht vorsätzlich und sind überrascht, welche Auswirkungen ihr Verhalten auf ihre Partner hat, wenn man ihnen die Augen öffnet. In diesen Fällen kann es möglich sein, die Beziehung zu heilen. Manchmal sind es auch nur einzelne toxische Verhaltensweisen, die sich langsam eingeschlichen haben und einen Partner verzweifeln lassen, aber das Fundament der Beziehung ist immer noch ein gutes. Auch hier kann es möglich sein, dass die Beziehung zu retten ist – immer vorausgesetzt beide Partner sind bereit, daran zu arbeiten und Veränderungen vorzunehmen. Aber woran erkennt man nun, dass die Liebe noch eine Chance verdient? Es gibt bestimmte Anzeichen, die darauf hinweisen können, dass eine Beziehung mit einem emotionalen Erpresser noch zu retten ist:

Einsicht und Verantwortungsbewusstsein

Ein emotionaler Erpresser ist oft nicht bereit, seine eigenen Verhaltensweisen zu reflektieren oder Verantwortung für seine Handlungen zu übernehmen. Wenn dein Partner jedoch Einsicht zeigt und Verantwortung für sein Verhalten übernimmt, kann das ein Zeichen dafür sein, dass er bereit ist, sich zu ändern und die Beziehung zu retten.

Bereitschaft, Hilfe zu suchen

Toxische Beziehungen können schwierig zu navigieren sein und erfordern oft professionelle Hilfe. Wenn dein Partner bereit ist, Hilfe zu suchen, sei es durch Paartherapie oder individuelle Therapie, um sein eigenes Verhalten zu ändern, kann dies bedeuten, dass er auch gewillt ist, an der Beziehung zu arbeiten.

Du fühlst dich sicher und respektiert

Wenn du dich trotz Schwierigkeiten und toxischen Anzeichen in der Beziehung noch sicher und respektiert fühlst, kann dies ein Indiz dafür sein, dass es noch nicht zu spät ist, eine positive Veränderung herbeizuführen.

Kommunikation

Eine schlechte Kommunikation kann eine Ursache für toxische Beziehungen sein. Verbessert sich die Kommunikation zwischen dir und deinem Partner aber so, dass ihr in der Lage seid, offen und ehrlich miteinander zu sprechen, kann das durchaus bedeuten, dass es noch eine Chance für euch gibt.

Veränderungsbereitschaft

Wenn dein Partner Veränderungen in seinem Verhalten zeigt und bereit ist, seine toxischen Gewohnheiten abzulegen, ist auch das ein positives Zeichen.

Die Beziehung hat positive Aspekte

Selbst in toxischen Beziehungen gibt es oft positive Aspekte, die dazu beitragen können, die Partnerschaft zu retten. Insbesondere wenn du positive Erinnerungen oder die gleichen Interessen mit deinem Partner teilst, kann es noch Hoffnung geben, dass ihr die Beziehung heilen könnt.

Kompromissbereitschaft

Kompromisse sind ein wichtiger Bestandteil jeder Beziehung. Wenn beide Partner bereit sind, Kompromisse einzugehen und ihre Bedürfnisse gegenseitig zu berücksichtigen, ist auch das eine gute Vorraussetzung.

Empathie

Wenn dein Partner Empathie zeigt und in der Lage ist, deine Gefühle und Bedürfnisse zu verstehen, kann das dazu beitragen, dass die Beziehung gerettet werden kann.

An der Frage, ob sich Menschen tatsächlich ändern können, scheiden sich die Geister. So wie jeder Mensch aber ungesunde Verhaltensweisen ablegen, etwas Neues lernen oder sich weiterentwickeln kann, ist es auch einem emotionalen Erpresser möglich, sich zu verändern. Es erfordert allerdings einen echten Wunsch, die toxischen Verhaltensweisen zu erkennen und aufzugeben. Eine Person, die emotional manipulativ ist, muss also bereit sein, sich selbst zu reflektieren, Verantwortung für ihr Verhalten zu übernehmen und die notwendigen Schritte zu unternehmen, um positive Veränderungen herbeizuführen. Dies kann beinhalten:

- Individuelle Therapie oder Beratung, um die zugrunde liegenden Probleme zu erkunden, die zu manipulativem Verhalten führen

- Erlernen neuer Kommunikationsfähigkeiten und emotionaler Intelligenz

- Aktives Zuhören und Empathie üben, um die Bedürfnisse und Gefühle des Partners besser zu verstehen und zu respektieren

- Offene und ehrliche Kommunikation über die Probleme in der Beziehung

- Gemeinsame Teilnahme an Paartherapie oder Beratung, um Vertrauen und gesunde Kommunikation wieder aufzubauen

29.2 Wann eine Trennung unumgänglich ist

Es gibt selbstverständlich keine Garantie dafür, dass eine toxische Beziehung gerettet werden kann oder sich ein emotionaler Erpresser jemals ändern wird. Wie bereits erwähnt, wird es sogar in den allermeisten Fällen notwendig sein, die toxische Beziehung zu beenden. Dies ist auch immer dann der Fall, wenn die Beziehung Gewalt oder körperlichen Missbrauch beinhaltet. Weitere Anzeichen dafür, dass ein Punkt erreicht ist, ab dem es keine Chance mehr auf Heilung gibt, können folgende sein:

Wiederholtes manipulatives Verhalten

Trotz Versprechen, sich zu ändern, zeigt der emotionale Erpresser weiterhin toxisches und manipulatives Verhalten.

Unwille, Hilfe in Anspruch zu nehmen

Der emotionale Erpresser ist nicht bereit, professionelle Hilfe wie Therapie oder Beratung in Anspruch zu nehmen, um an seinen Problemen zu arbeiten.

Fehlender Respekt und Empathie

Wenn der Manipulator nicht in der Lage ist, die Gefühle und Bedürfnisse seines Partners zu respektieren und Empathie zu zeigen, kann dies darauf hindeuten, dass die Beziehung nicht gerettet werden kann.

Anhaltender Stress und emotionales Leid

Wenn du merkst, dass du dich in der Beziehung unwohl fühlst und deine Bedürfnisse und Wünsche nicht erfüllt werden, trotz der Bemühungen, die Situation zu verbessern, ist es möglicherweise an der Zeit, sich von der Beziehung zu verabschieden.

Gewalt oder Missbrauch

Wenn körperliche, emotionale oder sexuelle Gewalt oder Missbrauch in der Beziehung vorkommen, ist es immer alternativlos, die eigene Sicherheit in den Vordergrund zu stellen und sich in jedem Fall aus der Beziehung zu entfernen sowie Hilfe in Anspruch zu nehmen.

Du wirst wissen, ob oder wann es an der Zeit ist, die Beziehung zu beenden. Natürlich kann es auch sinnvoll sein, die Ratschläge von vertrauenswürdigen Freunden oder Familienmitgliedern anzuhören. Deine eigene Intuition wird dich aber nicht im Stich lassen. Hör auf sie. Es kann sehr schwierig sein, sich von einem emotionalen Erpresser zu trennen, aber es gibt Schritte, die du unternehmen kannst, um dich von der Beziehung zu lösen und dich selbst zu schützen. Hier sind einige Punkte, die du in Betracht ziehen kannst:

Akzeptiere die Realität

Akzeptiere die Realität der toxischen Beziehung und dass der emotionale Erpresser nicht bereit ist, sich zu ändern oder die Beziehung zu verbessern.

Setze klare Grenzen

Sag deinem Partner, was du von ihm erwartest und welche Verhaltensweisen inakzeptabel sind. Sei bestimmt und stehe zu deinen Grenzen.

Suche Unterstützung

Freunde, Familie oder ein Therapeut können dir helfen, eine klare Sicht auf die Beziehung zu bekommen und dich bei der Entscheidungsfindung unterstützen. Scheue nicht aus Scham oder falschem Stolz davor zurück, diesen Schritt zu gehen, wenn du das Gefühl hast, dass er nötig ist oder dich Zweifel und Schuldgefühle plagen.

Sammle Beweise

Speichere SMS oder E-Mails, die das Verhalten deines Partners dokumentieren oder notiere dir Vorfälle wie Streitgespräche oder Erpressungen in einem Tagebuch. Das kann dir helfen, nicht an dir oder deinem Verstand zu zweifeln und dich außerdem in deiner Entscheidung bestärken.

Plane deine Trennung

Es ist wichtig, sich gut vorzubereiten, bevor du dich von einem emotionalen Erpresser trennst. Plane im Voraus, wo du leben wirst, wenn du die Beziehung beendet hast und packe wichtige Dokumente wie deine Geburtsurkunde oder deinen Reisepass. Wenn du finanziell abhängig bist, könnte es anfangs schwierig sein, sich von dem Manipulator zu lösen und finanziell unabhängig zu werden. In diesem

Fall solltest du zusätzlich daran denken, dass du ein eigenes Konto benötigst, um etwa finanzielle Unterstützung zu erhalten.

Spanne ein Sicherheitsnetz

Eine Beziehung mit einem emotionalen Erpresser zu beenden, kann gefährlich sein, insbesondere wenn der Manipulator Tendenzen zu gewalttätigem Verhalten zeigt oder es bereits eine Historie von Missbrauch in der Beziehung gibt. Wenn du Rache befürchtest, solltest du in Betracht ziehen, deine Kontaktdaten zu ändern und im Zweifel eine Schutzanordnung zu beantragen.

Suche rechtlichen Rat

Wenn du verheiratet bist oder dein Partner und du gemeinsame Kinder habt, ist es wichtig, rechtlichen Rat zu suchen. Ein Anwalt wird dich am besten schon vor der Trennung zu deinen Möglichkeiten beraten.

Beende die Beziehung

Wenn du dich dazu entscheidest, die Beziehung zu beenden, sei bestimmt und stehe zu deiner Entscheidung. Breche den Kontakt zu deinem Partner ab, aber sei vorbereitet, dass er möglicherweise versuchen wird, dich mit Schuldgefühlen und Manipulationen zurückzuholen.

Sei geduldig

Eine toxische Beziehung kann tiefe Wunden hinterlassen, die möglicherweise eine längere Zeit benötigen, um zu heilen. Sei deshalb gut zu dir selbst, habe Geduld und suche dir Unterstützung, falls nötig, um durch diese schwierige Zeit zu kommen.

So sehr wie ich es jedem Menschen, der sich aus einer toxischen Beziehung lösen möchte, wünschen würde, so wenig Hoffnung besteht in den meisten Fällen auf eine einfache und schmerzlose Trennung. Es kann sein, dass du ein offenes Gespräch führen kannst und es dir gelingt, dich sauber zu trennen. Es ist aber auch denkbar, dass keine Kommunikation mehr zwischen dir und deinem Partner möglich ist und dir letztlich nur die Flucht bleibt.

Aber unabhängig davon, dass eine Trennung vermutlich immer eine traurige Erfahrung ist, kann sie auch eine Gelegenheit sein, um dein Leben in eine gesunde und positive Richtung zu lenken.

Die Bewertung und letztlich die Entscheidung, ob deine Beziehung noch zu retten ist, liegt bei dir. Du hast im ersten Teil dieses Buches erfahren, was toxische Beziehungen sind, woran man sie erkennt, wie sie sich von gesunden und schwierigen Beziehungen abgrenzen. Du kennst die wichtigsten emotionalen Erpressertypen und sprichst ihre Sprache. Meine persönliche Geschichte hat dir vielleicht auch als Beispiel geholfen zu verstehen, dass toxische Beziehungen sich in ihrem Verlauf und ihrer Manifestation nicht an Lehrbücher halten, sondern sehr unterschiedlich und komplex sind.

Im dritten Teil hast du nun erfahren, welche Maßnahmen du ergreifen kannst, um dich gegen emotionale Erpressung zu wehren und welche Gefahren die Kunst der Gegenwehr mit sich bringt. Und obgleich diese Risiken erdrückend wirken können, so weißt du, dass sie keinesfalls schwerer wiegen als die Folgen, die eine tiefgreifend toxische Beziehung nach sich ziehen kann. Du hast erfahren, welche Schritte du unternehmen kannst, um diese Risikofaktoren zu minimieren und dich selbst zu schützen.

Du weißt auch, dass viele Menschen dein Schicksal teilen und dir Unterstützung sicher ist. Doch den ersten Schritt musst du allein gehen. Denn nur du weißt, in welche Richtung.

Quellenverzeichnis

Teil I: Hintergründe und Ursachen von toxischen Beziehungen

Kapitel 1

- Foran, H. M., & O'Leary, K. D. (2008). Alcohol and intimate partner violence: A meta-analytic review. Clinical Psychology Review, 28(7), 1222-1234.

- Harkness, E. L., & Luther, L. (2021). Toxic social relationships and mental health: A review. Clinical Psychology Review, 87, 102040.

- Hughes, K., Bellis, M. A., Jones, L., Wood, S., Bates, G., Eckley, L., ... & Officer, A. (2012). Prevalence and risk of violence against adults with disabilities: a systematic review and meta-analysis of observational studies. The Lancet, 379(9826), 1621-1629.

- Johnson, M. P., & Leone, J. M. (2005). The differential effects of intimate terrorism and situational couple violence: Findings from the National Violence Against Women Survey. Journal of Family Issues, 26(3), 322-349.

- Kiecolt-Glaser, J. K., & Newton, T. L. (2001). Marriage and health: His and hers. Psychological Bulletin, 127(4), 472-503.

- Lampe, A., Doering, S., Rumpold, G., Sölder, E., Krismer, M., Kantner-Rumplmair, W., & Schubert, H. (2003). Chronic pain syndromes and their relation to childhood abuse and stressful life events. Journal of Psychosomatic Research, 54(4), 361-367.

- Smith, P. H., White, J. W., & Holland, L. J. (2003). A longitudinal perspective on dating violence among adolescent and college-age women. American Journal of Public Health, 93(7), 1104-1109.

- Teicher, M. H., Andersen, S. L., Polcari, A., Anderson, C. M., Navalta, C. P., & Kim, D. M. (2003). The neurobiological consequences of early stress and childhood maltreatment. Neuroscience & Biobehavioral Reviews, 27(1-2), 33-44.

- Windle, M. (1997). A longitudinal study of stress and alcohol consumption in young adults. Addiction, 92(2), 171-183.

- American Psychological Association (2017). "Stress in America: The State of Our Nation." National Coalition Against Domestic Violence. "Facts About Domestic Violence."

- McLeod, S. (2018). "Toxic Relationships." Simply Psychology.

- Fida, R., Paciello, M., Tramontano, C., & Barbaranelli, C. (2015). Perceived unfairness and employee health: A meta-analytic integration. Review of General Psychology, 19(2), 202-225. doi: 10.1037/gpr0000030

- Wachs, K. (2018). Toxic Friendships: How to Recognize and Cope With Friends Who Are Using You. Healthline. https://www.healthline.com/health/toxic-friendships

- Bohns, V. K., & Flynn, F. J. (2013). The social consequences of expressive suppression. Emotion, 13(4), 845-854.

- Jackson, M. (2018). Toxic families: Recognizing and overcoming their effects. Routledge.

- Karter, J. (2021). Coping with toxic family members and improving your relationships. Verywell Mind. https://www.verywellmind.com/how-to-deal-with-toxic-family-members-4164854

- Feeney, J. A., Noller, P., & Hanrahan, M. (1994). Assessing adult attachment. In Attachment in adults: Clinical and developmental perspectives (pp. 128-152). Guilford Press.

- Niehuis, S., Reitz, A. K., & Schlüter-Müller, S. (2015). The association between attachment and relationship satisfaction in early and later years of life: Evidence for the mediating role of empathic accuracy. International Journal of Behavioral Development, 39(4), 316-327.

- Collins, N. L., & Read, S. J. (1990). Adult attachment, working models, and relationship quality in dating couples. Journal of personality and social psychology, 58(4), 644-663.

- Easton, J. A., Schipper, L. D., & Shackelford, T. K. (2019). Partner compatibility and the outcomes of couple relationships: A review of theoretical and empirical advances. Current opinion in psychology, 25, 73-78.

- Simpson, J. A., Rholes, W. S., & Phillips, D. (1996). Conflict in close relationships: An attachment perspective. Journal of personality and social psychology, 71(5), 899-914.

- Malkin, C. (2017). The Difference Between Toxic Relationships And Relationships That Need Work. Huffpost. https://www.huffpost.com/entry/the-difference-between-toxi c-relationships-and-relationships-that-need-work*b*5943ea53e4 b0940f84fe2f15

Kapitel 2

- „Journal of Interpersonal Violence" (2020) https://journals.sagepub.com/doi/full/10.1177/0886260520 907788

- „Personality and Individual Differences" (2019) https://www.sciencedirect.com/science/article/pii/S0191886 918310152

- „Journal of Social and Personal Relationships"" (2017) https://journals.sagepub.com/doi/full/10.1177/0265407517 714131

Kapitel 3

- Forward, S. (2002). Emotional Blackmail: When the People in Your Life Use Fear, Obligation, and Guilt to Manipulate You. HarperCollins.

- Parent, J., Lachance-Grzela, M., & Fitzpatrick, J. (2016). Emotional blackmail and intimate partner violence: Exploring the relationship and intervention implications. Journal of Family Violence, 31(5), 561-572.

- Parent, J., Lachance-Grzela, M., & Fitzpatrick, J. (2016). Emotional blackmail and intimate partner violence: Exploring the relationship and intervention implications. Journal of Family Violence, 31(6), 711-723.

- Jurek, P., & Adamczyk, K. (2020). The impact of emotional blackmail in childhood on romantic relationships in adulthood: A study of the mediating role of emotional blackmail in intimate relationships. Journal of Social and Personal Relationships, 37(1), 168-187.

- Studie 1: Peterson, Z. D., McEwen, B. S., & Matthews, K. A. (2015). The associations among personality, stress, and the use of emotional manipulation in intimate relationships. Journal of Interpersonal Violence, 30(5), 765-783. DOI: 10.1177/0886260514533324

- Studie 2: Parent, J., Lachance-Grzela, M., & Fitzpatrick, J. (2016). Emotional blackmail and intimate partner violence: Exploring the relationship and intervention implications. Family Process, 55(3), 563-577. DOI: 10.1111/famp.12240

Teil III: Umgang mit emotionaler Erpressung in toxischen Beziehungen

Kapitel 28

- Simon, G. K. (2010). In Sheep's Clothing: Understanding and Dealing with Manipulative People (2nd ed.). Parkhurst Brothers Publishers Inc. (S. 31-44).

- Forward, S., & Frazier, D. (1997). Emotional Blackmail: When the People in Your Life Use Fear, Obligation, and Guilt to Manipulate You. Harper Collins.

Kapitel 29

- Ebrahim, S. H., & AlAteeq, D. A. (2016). Relationship satisfaction and conflict resolution styles among Jordanian university students. International Journal of Adolescence and Youth, 21(4), 520-530. https://doi.org/10.1080/02673843.2015.1116453

- „How to Recognize and Respond to Emotional Blackmail" von Darlene Lancer (https://www.psychologytoday.com/us/blog/toxic-relationshi ps/201704/how-recognize-and-respond-emotional-blackmail)

- „Dealing with Emotional Blackmail in Relationships" von Dr. Alice Boyes (https://www.psychologytoday.com/us/blog/in-practice/201 502/dealing-emotional-blackmail-in-relationships)

- Winterich, J. A., & Ludlam, M. (2020). The Dynamics of Toxic Relationships. Current Opinion in Psychology, 31, 166-171.

- Bodenmann, G. (2005). Effective conflict resolution: A promising tool for strengthening couple relationships. Journal of Family Psychology, 19(2), 179-182.

- Fisher, R., & Ury, W. (1991). Getting to yes: Negotiating agreement without giving in. Penguin.

- Wilmot, W. W., & Hocker, J. L. (2013). Interpersonal conflict. McGraw-Hill Education.

- Goulston, M. (2010). Just Listen: Discover the Secret to Getting Through to Absolutely Anyone. AMACOM.

- Forward, S. (1998). Emotional blackmail. Harper Collins.

Kapitel 30

- Winterich, J. A., & Ludlam, M. (2020). The Dynamics of Toxic Relationships. Current Opinion in Psychology, 31, 166-171. https://doi.org/10.1016/j.copsyc.2019.09.002

- Berman, E. M. (2018). Understanding toxic relationships: An introduction. Journal of Clinical Psychology, 74(3), 338-348.

- "In Sheep's Clothing: Understanding and Dealing with Manipulative People" von George K. Simon Jr.

- "Why Does He Do That?: Inside the Minds of Angry and Controlling Men" von Lundy Bancroft.

- "The Dynamics of Toxic Relationships" von Jennifer A. Winterich und Maureen Ludlam.

- "Emotional Blackmail: When the People in Your Life Use Fear, Obligation, and Guilt to Manipulate You" von Susan Forward.

- Campbell, A. M. (2016). An integrative review of the literature on emotional blackmail: Implications for research and practice in couple and family therapy. Journal of Family Psychotherapy, 27(1), 5-20.

- Koss, M. P., & White, J. W. (2018). Cultural competence and intimate partner violence. Trauma, Violence, & Abuse, 19(4), 441-451.

- O'Leary, K. D. (2018). Psychological abuse: A variable deserving critical attention in domestic violence. Aggression and Violent Behavior, 38, 31-36.

- Johnson, M. D., Cohan, C. L., Davila, J., Lawrence, E., Rogge, R. D., Karney, B. R., & Bradbury, T. N. (2015). Problem-solving skills and affective expressions as predictors of change in the satisfaction in romantic relationships. Journal of Marriage and Family, 77(2), 282-296.

- Giffin, J., & Massar, M. (2019). Intimate partner violence and mental health. Psychiatry, Psychology and Law, 26(4), 624-642.

- Mamman, L. S. (2017). The dynamics of emotional blackmail in romantic relationships. Journal of Family Issues, 38(10), 1371-1392.

Printed in Poland
by Amazon Fulfillment
Poland Sp. z o.o., Wrocław
13 August 2023

0cb960ba-1635-493e-be20-322f523131c1R01